Gewoon maar doorgaan

Salamander

Ander werk van S. Carmiggelt als Salamander

Kroeglopen
Een stoet van dwergen
Fluiten in het donker
Twijfelen is toegestaan

S. Carmiggelt
Gewoon maar doorgaan

Amsterdam

Em. Querido's Uitgeverij B.V.

1985

Deze verhalen werden onder het pseudoniem Kronkel eerder gepubliceerd in de dagbladen van de Paroolpers. Voordracht, ook voor radio en televisie, alleen na schriftelijke toestemming van de schrijver.

Eerste en tweede druk, 1971; derde druk, 1974; vierde druk, 1976; vijfde druk, 1977; zesde druk, 1978; zevende druk, als Salamander, 1985.

Uitgegeven in samenwerking met B.V. Uitgeverij De Arbeiderspers, Amsterdam

ISBN 90 214 9604 6

Motto

Dunkle Zypressen –
Die Welt ist gar zu lustig;
Es wird doch alles vergessen.

Theodor Storm

Dit boek draag ik op aan Wim Hilbers en Reinold Kuipers,
mijn beide rechterhanden.

Inhoud

Vrienden

In het kleine café waar ik om tien uur 's avonds binnenkwam stond een oude man met een hondje aan de tap, naast een verlept, grijs vrouwtje, dat een kleurloos geworden montycoat droeg. Ze zei: 'Hoef ik dat soms te aanvaarden? Dat je zo, van de ene dag op de andere, uit je kamer wordt gezet? Ze hebben een ander slot op de buitendeur laten maken en als ik bel zien ze me in het spionnetje en doen ze niet open. Nou, daar staan ik dan móói. Maar ik weet wel hoe het komt. Door dat wijf. Die zit er achter. Hij niet. Hij is een heer. Hij nam altijd beleefd z'n sneehoed voor me af. En hij maakte wel eens een praatje met me op de gang. En dat is haar altijd een doorn in het oog geweest. Wat wil je – een opgeblazen dik wijf, nog 'n Duitse ook. En ik héb nou eenmaal iets voor mannen. Ik wéét niet wat...'

De oude man zweeg en de kastelein die, om zo te zien, zijn beroepskeuze al vele jaren betreurde, mat haar met zijn sombere blik en wist kennelijk ook niet wat. Met een snel ratelend stemmetje vervolgde ze: 'Een nerveus tiep, dat ben ik – ja. Ik kom er vóór uit. Ik ben in doktershanden. Maar ik veroorzaak niemand last. Ik lig niet te gillen 's nachts. 't Is allemaal gelogen wat dat wijf aan de politie vertelt. Uit jaloezie. En uit afgunst. Want zij heb vroeger kantoren aangedweild, voor ze hem aan de haak sloeg en ik heb in weelde geleefd. Toen me man er nog was en we de zaak hadden – ach, ik kon net zoveel japonnen kopen als ik maar wou. En dan de gezelligheid. We hadden de hele dag een borreltje klaar staan voor iedereen. De zoete inval, werden we in de buurt genoemd. Bij ons was het altijd vrolijk. En zó maak je vrienden.'

'Geef me nog een pilsje,' zei de oude man.

Het hondje hief een poot en waterde tegen zijn broekspijp, maar hij merkte het niet.

'Zodoende hebben ze daar mij niet mee,' zei de vrouw. 'Ik kan overal terecht om te logeren vannacht, óveral. Joop Braasbak en zijn vrouw, die heb u toch wel gekend? Ze hadden die kapitale banketbakkerij – heel Amsterdam kocht z'n moorkoppen, van heinde en ver kwamen ze. Nou die twee hebben bij ons menig slokje gedronken, hoor. Ook gezellige mensen. Op zondag bracht Joop altijd een taart mee als een wagenwiel. Ik zei wel eens "mallerd." Hij is nou al een tijd dood, maar zij leeft nog en ze zit er warm bij. Ik heb haar 'n tijd niet gezien, maar ik kan zo bij haar terecht in de logeerkamer. Ik zal d'r effe opbellen.'

Een beetje schuw keek ze de kastelein aan.

'Heb je een dubbeltje voor de telefoon?' vroeg ze. 'Je krijgt het terug, hoor. Je weet, ik betaal altijd alles.'

'Hier' zei hij.

Ze pakte het dubbeltje van de tap, liep naar de telefoon, keek in het boek en draaide een nummer. Op feestelijke toon riep ze: 'Suus? Met Jopie. He? Met Jopie. Ja – Joooopie. Zeg meid, ik zit een tikkeltje moeilijk met me kamer. Ik leg 't je wel uit, straks. Ik kan wel bij jou in 't logeerbed, he?'

Een tijdje luisterde ze. Toen zei ze: 'Nee, dán kan 't natuurlijk niet. Nou ja, ik red me wel. Dag Suus. We moeten mekaar gauw weer eens zien.' Ze hing op.

'Ze heeft de logeerkamer verhuurd,' zei ze. 'Ze had de poen nodig. Goed, dan ga ik wel naar Agnes. Die kwam ook vroeger zo vaak bij ons. Een echte lachebek. En ik weet d'r nummer nog van buiten. Eh...'

Weer keek ze naar de kastelein.

'Hier,' zei hij, haar het dubbeltje toeschuivend.

Ze draaide en riep, weer zo jolig: 'Agnes? He? Nee – mevrouw Agnes de Boer wou ik hebben. O ja? Al meer dan een jaar? Nee, dat wist ik niet. Nou – dag mevrouw.'

Ze legde de hoorn op het toestel en zei: 'In een bejaardenhuis zit ze. Al meer dan een jaar. Ach, je ziet mekaar niet meer zo geregeld, he. Goed, dan ga ik maar naar me nicht Marie. Die liep ook altijd zo met ons weg.'

De kastelein strekte de hand met het dubbeltje al uit, maar ze zei: 'Nee die heeft geen telefoon. Ik wandel er wel effe heen.'

Toen de deur achter haar vale rug dichtviel zei de kastelein alleen maar: 'Tja...'

Meer viel er niet te zeggen.

Reclame

De directeur van het reclamebureau zat in zijn hypermodern ingericht werkvertrek tegenover me achter een kostbaar bureau – een welgeschapen, aan de slapen grijzende man, volmaakt in het pak. Zijn ogen waren somber, maar dat misstond hem niet. Hij zei: 'Het is modieus reclamemensen af tè schilderen als een soort misdadiger. Onzin. Ik vind het net zoiets als "Vuile s s -ers" roepen tegen Amsterdamse straatagenten. Dat zijn die mensen niet. Ze zijn uitvoerders van een systeem dat je lust of verwerpt. En dat zijn wij ook. Er wordt nogal wat geproduceerd in dit land en wij moeten zorgen dat 't spul ook nog wordt verkocht. Met reclame. Daar janken m'n progressieve kennissen tegenwoordig hevig over aan mijn kop. Nou ja, toegegeven, op Cuba zijn de mensen van die helse teistering verlost. Daar is geen reclame, want ze hebben er niks om te verkopen. Hier wel. We hebben zelfs veel te veel. Reclame is voor mij gewoon een vak als ieder ander. En nog een moeilijk vak óók. Je moet het serieus doen, maar wel met een ingebouwd gevoel voor de betrekkelijkheid aller dingen. Er lopen in onze branche mensen rond die over een campagne voor toiletzeep spreken op een toon of ze de heilige mis celebreren. Die zijn niet te harden.'

Hij haalde zijn schouders op.

'En dan – ik moet toch geld verdienen,' zei hij. 'Ik ben al zesentwintig jaar getrouwd met een vrouw die veel aan haar lijf hangt en het als een krenking harer fijnste gevoelens beschouwt, als ze niet drie dure buitenlandse reizen per jaar kan maken. Mijn dochter van twintig meent – en naar ik vrees ten onrechte – dat voor haar een carrière is weggelegd in de danskunst, waarin zij zich op een kostbare school in Londen bekwaamt. Mijn zoon beweert, dat hij sociologie studeert, is revolutionair en veracht aan mij álles, behalve de toelage die ik hem maandelijks geef. Dat is mijn situatie, in een notedop. Overzichtelijk nietwaar?'

Hij glimlachte een beetje wrang.

'Ik had hier een jongeman in dienst,' vervolgde hij, 'die we allemaal zéér veelbelovend vonden. Prima copywriter. Die zijn schaars. Hij had erg goeie ideeën. En hij was een inspirerende conferencethinker. Hij verdiende een smak geld, want dat vloeit in onze wereld als water, had in dit gebouw een mooie eigen kamer en een secretaresse, reed in een auto van de zaak en beschikte over vrijwel ongelimiteerde mogelijkheden tot het declareren van al of niet gemaakte onkosten. De man van de toekomst. Het groene hout, waaruit een reclame-eik zou groeien. Drie maanden geleden kwam hij bij me en zei: "Ik neem mijn ontslag." Ik vroeg: "Waarom?" Hij antwoordde: "Omdat ik tot de overtuiging ben gekomen dat mijn werk gehéél zinloos is." Ik zei: "Wat ga je dan doen?" En hij: "Dat weet ik al. Ik ben sterk. Ik ga een week per maand in de haven zakken sjouwen. Werken met je handen. Dat is fijn. En in die ene week verdien ik genoeg om de rest van de maand te leven op een manier die ik niet zinloos vind." Ik heb tegen hem gezegd: "Jongen, je hebt gelijk. Je bent 24. Je kunt het nou nog doen. Doe het, voordat de muizeval achter je dichtklapt." '

Er werd op de deur getikt. Een zeer bevallig meisje kwam binnen met een map onder de arm. Zij droeg hot pants, die de uitdrukking 'op hoge benen binnenstappen' met nieuwe inhoud vulden.

'Legt u het daar maar neer, juffrouw,' zei hij, wijzend op een tafeltje. Ze deed het en verdween weer. De directeur keek mij zeer ironisch aan.

'Legt u het daar maar neer, juffrouw,' herhaalde hij. 'Dat zinnetje moet je erg omzichtig uitspreken. Want Freud lééft. 't Is me al eens overkomen dat ik in een zelfde situatie zei: "Leg u zich daar maar neer, juffrouw." Dan ga je lelijk door het behang. Ik heb hier wel tien van zulke mooie grieten rondlopen. Ik dicteer mijn brieven aan een juffrouw die zóveel te bieden heeft, dat ik me wel eens aan de stoel moet vastklemmen. Maar het gaat niet aan om midden in de zin "De layout van uw campagne is nu gereed" plotseling de handen uit de mouwen te steken. Nee, niet in de diensturen. Dit is m'n harem niet. Dit is m'n reclamebureau. Hard selling, boys. Maar drastisch is het wél te beseffen, als ik zit te dicteren, dat op hetzelfde moment in Nederland naar ruwe schatting drie mil-

joen leeftijdsgenoten een soortgelijk verlangen zitten te onder-
drukken. Wij vormen een immense groep gehandicapten, voor
wie Mies Bouman nóóit een dorp zal openen. Wij zijn gewoon
te talrijk.'

De jongen

Op het Rokin stond 's middags een jongen met een helpaarse, zeer vuil geworden broek aan, tegen een pui geleund en hield een nummer van de Kabouterkrant kennelijk ten verkoop voor zijn borst. Aangezien ik, wat lezen betreft, een omnivoor ben ging ik naar hem toe en vroeg: 'Hoeveel kost het?'

'One koelder,' antwoordde hij.

'American?' vroeg ik.

'English,' zei hij stroef. Want ik droeg toch van alle rotzooi op deze wereld de schuld? Hij was een klein, bleek jongetje van 'n jaar of achttien met futloos lang haar en veel te droeve ogen voor zijn leeftijd. Ik gaf hem de gulden, en hij snelde er mee weg, want meer dan één blaadje had hij niet.

Verder lopend, vond ik het merkwaardig dat iemand een politiek vlugschrift uitvent, zonder ook maar een flauw benul te hebben van het ideaal, dat hij daarmee schraagt, omdat hij het niet lezen kan.

't Is net zoiets alsof ik op een straathoek in Teheran zou gaan staan met een Perzisch krantje. Maar, nou ja.

's Avonds om tien uur stond ik in de Leidsestraat een broodje ei te nuttigen in zo'n soort portiek met loketjes, waar je vroeger voor een kwartje en nu voor twee kwartjes een kroket uithalen kunt. Binnen afzienbare tijd zal de prijs wel drie kwartjes worden maar voor dit aspect der inflatie heb ik weinig belangstelling, want ik hou niet van kroketten. Terwijl ik in de wat druilige onderneming, waar de Amsterdamse uitdrukking 'ik vreet vandaag wel uit de muur' geboren werd, stond te kauwen, zag ik opeens de jongen met de paarse broek verschijnen. Op nog geen meter van mij verwijderd, bleef hij bij de ingang staan – weer zo verkommerd. Op de stoep kwam een grote, zorgvuldig geklede man van middelbare leeftijd aan. De jongen vroeg hem in een soort Hollands om twee kwartjes, op de schichtige manier van iemand, die het bedelvak niet beheerst. De man bleef staan en keek hem aan, met een sombere blik.

'Vreemdeling?' vroeg hij.

'English,' zei de jongen.

In goed Engels vervolgde de man: 'Heb je honger?'

De jongen knikte schuw.

Nu trok de man zijn portefeuille, haalde er een biljet van vijfentwintig gulden uit en zei: 'Hier. Ga een behoorlijk maal kopen.'

De jongen bleef roerloos staan.

'Waarom doet u dat?' vroeg hij wantrouwig.

'Ik wil er wat voor terug,' zei de man, weer zo somber.

En toen de jongen een stapje achteruit deed: 'Nee, wees maar niet bang. Ik ben geen sissy. Maar ik doe een investering. Zie je, ik heb vijf kleinzoons. De oudste is twaalf, dus veel moeilijks is er nog niet aan de hand. Maar als één van die jongens, over 'n jaar of wat, ergens op deze wereld in net zo'n harde rotstad als Amsterdam geen geld maar wel honger heeft, dan hoop ik dat er net zo'n man als ik zal opdoemen om mij via hem het geld te vergoeden dat ik in jou beleg.'

En op een grimmige toon: 'Zo stond ik ook jaar in jaar uit in volle bussen en trams op voor ieder vrouwmens, in de hoop dat een ander het zou doen voor mijn oude moeder. Maar die is vorig jaar gestorven, dus nou blijf ik zitten.'

De jongen pakte het geld, riep 'Thanks' en verdween in het duister.

De man keek mij aan met een bittere glimlach en zei: 'Noem 't een gelóóf.'

In het Gooi had ik een vriend bezocht die in een bejaardenhuis woont. Toen ik op weg naar de uitgang in de hal kwam bleef een dametje met spierwit haar voor mij staan en zei met een glimlachje: 'U kent me niet meer, he?'

Dat was zo.

'Mag ik even nadenken?' vroeg ik.

'Doe maar geen moeite,' zei ze. 'Ik ben maar één keer bij u geweest en dat is vijftien jaar geleden. En die vijftien jaar zijn aan ons allebei niet voorbijgegaan. Ik moet tegenwoordig telkens aan m'n grootmoeder denken die zei: "Dat ik oud word vind ik niet erg, maar dat ik zo lélijk word." 't Was zo'n gezegde van haar. Daar zat ze vol mee. Een erg originele vrouw.'

Weer glimlachte ze.

'Ik heb bij u in de kamer een stuk uit de Camera Obscura voorgedragen,' zei ze.

'Nou weet ik 't weer,' riep ik.

Ze kwam op een middag – een keurig geklede vrouw aan gene zijde van de vijftig. Uit haar tas haalde ze een schrift, waarin toneelrecensies uit 1922 waren geplakt. 'Ik was toen actrice,' zei ze. 'Ik had veel talent.' En ze wees aan waar ze werd geprezen om 'een kittig kamermeisje' of 'een guitig herderinnetje'. Het huwelijk had haar al gauw van de planken geveegd. Meer dan dertig jaar woonde zij in het provincieplaatsje waar de fabriek van haar man stond te stinken. Haar zoon – zo vertelde ze toen – was pas getrouwd en geëmigreerd naar Canada. En haar man... Ik herinner me duidelijk de bittere uitdrukking die op haar gezicht kwam toen ze, vijftien jaar geleden, tegen me zei: 'Meneer heeft een ander. Een jonkie van kantoor. Meneer laat me alleen.' En met een gebaar naar de knipsels: 'Terwijl ik álles voor hem heb geofferd. M'n hele carrière. Maar als hij denkt dat ik treurend bij de pakken neer ga zitten, vergist hij zich. Ik heb m'n talent nog. Ik ga voordragen. Hij zal over me lezen in de kranten.'

Het doel van haar komst was dat ze mijn toestemming wilde

om ook een paar verhaaltjes van mij te doen. Als proeve van bekwaamheid droeg ze, voor mij alleen, iets voor uit de Camera, maar toen ze daar net mee begonnen was op de geëxalteerde declamatietoon die in die tijd nu eenmaal móest, kwamen de kinderen uit school met een aanhang luidruchtige makkers, zodat ze maar weer ging zitten.

Daar in die hal van het bejaardenhuis vroeg ik 'Deed u niet het diakenhuismannetje?'

Ze knikte en keek me geamuseerd aan.

'U deed het erg leuk,' zei ik, om de stilte op te vullen.

'Ja, dat zei u toen ook,' antwoordde ze. 'Maar 't was niet waar. Ik kon er niks van. Talent had ik helemaal niet. Ach, toen ik een meisje was zag ik er leuk uit en voldeed ik wel in kleine rolletjes. Maar dertig jaar later... En dan een hele avond voordragen – alléén... nee. Gelukkig is het niet nodig geweest.'

Haar glimlach werd nu een beetje malicieus.

'Nog geen maand nadat ik bij u was, werd meneer ziek,' vervolgde ze. 'Toen kreeg ik hem weer thuis. Hij moest verpleegd worden. Dat jonkie had daar geen zin in. Ik ook niet. Maar ik heb het toch gedaan. Uit plichtsgevoel. Een erg naar gevóel. Maar ik héb het. 't Heeft nog een vol jaar geduurd. Toen is meneer gestorven. Hij had te veel van zichzelf geëist, zei de dokter. Dat vrouwtje was zesentwintig. Nou, dan begrijpt u het wel. Toen hij dood was ben ik aan dat voordragen niet begonnen. Ik hoefde hem toch niks meer te bewijzen.'

Er kwam een peinzende uitdrukking op haar gezicht.

'Mijn zoon is overgekomen voor de begrafenis,' zei ze. 'Daarna heb ik hem niet meer gezien. Hij schrijft maar zelden. Hij is geen schrijftype. Eerst had ik daar verdriet van. Maar nu... Och, ik geloof dat alles went. Hij heeft drie kindertjes.'

Ze opende haar tas en toonde me een gekleurde foto. Daar stonden ze vrolijk naast elkaar, in een mooie tuin.

'Lieve kindertjes, he?' zei ze koel.

'Erg lief, mevrouw,' zei ik.

In de Weteringstraat stond een forse, nog altijd mooie oude vrouw met spierwit haar, op een stoep en zei tegen me: 'U hebt hier vroeger in de straat gewoond, he?'

'Ja mevrouw,' antwoordde ik.

'Ik woon in de Jan Steenstraat,' zei ze. ''t Is een nare woning. Maar je moet maar pakken wat ze je geven, he. Eigenlijk mag ik geen trappen lopen van de dokter. Maar...'

Ze glimlachte een beetje verlegen.

'Toch klim ik vaak 's avonds naar de bovenburen, om een praatje te maken. 't Mag wel niet. Maar je bent soms zo alleen.'

Ze zei het op een toon of ze zich verontschuldigde.

'Ziet u, mijn man is al een paar jaar dood,' zei ze, 'maar vroeger hadden we samen een café. Nou – in m'n eentje kon ik dat niet volhouden. Dus toen heb ik de boel maar verkocht aan jonge mensen. Aardige mensen, hoor. Maar toch...'

De glimlach kwam weer.

'Als ik eens iets gebruiken wil, he, dan ga ik nooit naar dat café. Dan ga ik liever ergens anders. Ik weet niet waarom dat is.'

Ze zweeg even.

Toen werd haar gezicht vrolijk.

''t Is een zwaar bedrijf zo'n café,' vervolgde ze, 'maar we hebben er ook veel pret gehad. M'n man en ik stonden achter de tap. En dan hadden we nog een hulp. Een echte Jordaanse. En een mooie meid. Al die kerels waren gek op haar. Op 'n avond komt er een klant binnen. Die had al een paar slokkies op. Want wat was nou het geval? Hij had 'n prijs gewonnen in de loterij. Dus u begrijpt – de hele zaak een rondje. En nóg een rondje. We moesten 'm afremmen, want zoveel had hij nu ook weer niet gewonnen. Op 'n gegeven moment zegt hij tegen me: "En nou ga ik voor jou eens een lied zingen. Speciaal voor jou." Ik zeg: "Goed." Hij trekt z'n jasje uit. Dat was d'r bij nodig. En hij begint. 't Was een soort liefdeslied. Maar die man kon helemaal niet zingen. Dus ik moest zo verschrikkelijk lachen dat de tranen over m'n wangen liepen. Middenin stopt-ie.

Beledigd. Hij zegt: "Je moet me niet uitlachen." En toen zegt die hulp: "Zing nou maar door man, ze vindt 't prachtig, je ziet toch dat ze huilt." Ik hoor 't haar nóg zeggen. Kijk, zulke dingetjes maakte je mee, in dat café.'

En hoofdschuddend: 'Maar ik ga er toch nooit meer naar toe om iets te gebruiken. Dat is voorbij.'

Haar blik werd onzeker.

'Als 't een béétje weer is, dan ga ik elke ochtend even hier naar de Weteringstraat. Want ik ben er geboren, ziet u. In dat huis dáár, op de eerste verdieping. In mijn kindertijd was het een witte-boordenbuurt. Er woonden nette mensen. En als 't nou een béétje weer is ga ik hier voor het huis staan en dan kijk ik een poosje naar boven...'

En weer zo verontschuldigend: 'Ik weet niet waarom. Maar ik heb er, na de dood van m'n man, een zekere behoefte aan.'

Amsterdam in de zomer

I

Deze stukjes schrijf ik in een schoolschrift. Twee maal per maand tik ik er op één avond twaalf over, want ik heb te veel eerbied voor typografen om ze op te zadelen met mijn handschrift, dat lijkt op kreupelhout, waarin ik alleen de weg weet. Gisteravond moest ik het weer doen. Het schrijven van deze stukjes vind ik wel leuk werk, maar als ik er twaalf achter elkaar heb overgetikt, krijg ik een schier onbedwingbare lust de schrijfmachine uit de tweede etage te werpen. Om half elf was ik klaar met het karwei.

'Ik ben lens getikt,' zei ik tegen mijn vrouw. 'Ik ga 'n eindje om.'

'Goed,' antwoordde ze. 'Kom je deze maand nog thuis?'

Maar ik was al op de gang. In de vrij zoele avond liep ik door een der morsige straatjes, die voeren naar het Leidseplein. Het vermaaksleven bloeit, want er krijst steeds méér neonlicht van laat open tenten, waarin je je zorgen kunt vergeten, als je een ordinaire kwaliteit zorgen hebt. In glazen bakjes buiten hangt de prijslijst en de foto van de juffrouw die zich zal ontbloten, twintig jaar geleden gemaakt. Soms bevindt zich in zo'n bakje alleen een interieuropname van het etablissement zonder publiek, die me sterk doet denken aan een afbeelding in een gids voor Horeca-benodigdheden. Voor geen prijs krijgen ze me die showroom in. Dat hóeft goddank niet meer.

Het terrasje op het Leidseplein, dat Amsterdam, na ruw geschat zeven jaar doorwrocht nadenken, dan toch maar heeft verwezenlijkt, bleek in vol bedrijf. De hele wereld was er, in alle kleuren van de regenboog. Bij de bodega waren nu de acht stoelen die er altijd voor de deur staan, allemaal leeg. Ik legde mijn regenjas op de eerste – rechts voor de kijker – en ging zitten op de tweede. Er ging op blote voeten een jongen voorbij in een fel paars habijt met een door zijn kleine zusje geregen kralenketting om en een vuurrode cowboyhoed op zijn lang, geel haar. Zijn blik zei: 'Overbiedt me maar eens.' Dat leek me moeilijk. Al deden ook de anderen hun best. Er werd geflaneerd in alle talen en alle uitmonsteringen. De een keek triomfantelijk en van 'vreet me maar op.' Maar je zag ook hip uitgedoste wanhoop. Ik dacht er aan, hoe godverlaten eenzaam ik me voelde als ik vroeger, in Parijs, in m'n eentje óók flaneren moest. Du Perron beschreef het gevoel raak toen hij er, als jongeman, bohémientje speelde en na veertien dagen nog niet eens door een hoer was aangesproken. 'Kwelt mij mijn eigen onopgemerktheid?' vroeg hij zich af. Ik stond op, ging het café binnen en belde mijn vrouw. Ik zei: 'Kom ook. 't Is wel curieus om te zien allemaal. En de gedachte dat wij dit niet meer hoeven, lucht erg op.'

Ze beloofde te zullen komen. Weer buiten vond ik stoel drie en vier bezet. Twee meisjes. Een mooie blonde met een beige broekpak aan en een kleine zwarte in blauw mini. Ze dronken klare met suiker – een krachtige ingreep voor meisjes. De kleine vroeg: 'Is die regenjas van u, meneer?'

'Ja.'

'Mag ik 'm dan om. Ik heb 't zo koud,' zei ze.

'Goed,' antwoordde ik. 'Als ik 'm op den duur maar weer eens terugkrijg.'

Ik ging op de tweede stoel zitten. Ze verdween in de jas als in een tent. De blonde wilde weten of ik woonde in Amsterdam en toen ik bevestigend had geantwoord zei ze: 'We komen uit Arnhem. Waar is 't hier gezellig?'

Nu ken ik een oude man die vrijwel dagelijks in Artis in het reptielenhuis zit omdat hij het daar zo gezellig vindt. Daarom vroeg ik: 'Wat verstaat u onder gezellig?' Ze zei: 'Nou ja, waar je dansen kan en zo. Ze zeiden – de Blue Note.' Ik antwoordde: 'Ik ben er vijftien jaar geleden voor het laatst geweest. Toen ik de volgende ochtend wakker werd, was ik mijn winterjas kwijt. Ik belde op. Ja, er was een jas gevonden, zei een vriendelijke man. Hij zou 'm wel even aanreiken. Maar toen hij er mee kwam, bleek het mijn jas niet te zijn.' De meisjes keken naar me als ganzen naar het onweer. 'Nou ja,' zei ik. 'Misschien is het er nóu gezellig. In vijftien jaar kan veel veranderen.' De kelner passeerde en de blonde vroeg: 'Ober, waar is 't nou hier gezellig?' De man keek of hem de steen der wijzen ter verbrijzeling werd overhandigd. 'Gezellig...' zei hij en hij begon te tobben, wat met al dat neonlicht op de achtergrond, wel een boeiend visueel rijm opleverde. De blonde nam een slok en zei opeens tegen me: 'Ach, vroeger ging je naar de kerk. Dat was mooi. Het orgel en zo. Maar nou? Laatst speelde er een band in de kerk. Ze lijken wel gek. Ik ga niet meer.'

Mijn vrouw dook op. 'Dat is mijn vrouw' zei ik. 'Dag mevrouw,' riepen de meisjes. Ze ging links van mij zitten. Ik zei tegen de blonde: 'Ik kom nóóit in kerken, maar...' Mijn vrouw klopte op mijn rug en zei: 'Hallo, ik ben er.' Over mijn schouder heen, zei ik 'Dit meisje lijdt onder de progressiviteit der kerken.'

'En die andere heeft jouw jas aan. Waaróm?' vroeg ze.

'Die heeft het koud,' antwoordde ik.

'Dat komt op hetzelfde neer,' vond ze.

Om half twaalf waren we weer thuis. Uit – goed voor u.

II

Briefje van een lezer uit Paramaribo:

Stelt u zich zo'n Chinese winkel voor in lome rust, op het heetst van de dag. Er is van alles te koop, van fietsen en textiel tot lucifers en augurken, die één cent per stuk kosten. De Chinees zit verdiept in een van die merkwaardige Surinaamse krantjes, waarin de subtiliteiten van 's lands gecompliceerde politiek, in een nergens om liegend proza, voorzien van talloze zetfouten, triomfantelijk uit de doeken worden gedaan. In de hitte van de middag, komt een zwart jongetje binnen, met van die gróte ogen en een stuiver in zijn knuist. Hij deponeert die stuiver op de toonbank en plaatst een order voor één augurk. De Chinees legt zijn krant neer, staat op, loopt naar de stopfles met zuur, vist een augurk op, voert de bestelling uit, geeft vier centen wisselgeld terug en hervat zijn lectuur. Het jongetje sabbelt op de augurk. Nadat die is opgegeten, legt het jongetje een cent op de toonbank en bestelt een tweede augurk. Oosters glimlachend legt de Chinees zijn krant weer neer, staat op en doet wat wordt verlangd. Dit herhaalt zich driemaal, tot en met de laatste cent van de stuiver. De Chinees onthoudt zich van elk commentaar en volstaat met zijn ondoorgrondelijke glimlach. En dan, bij de vijfde augurk, zegt het jongetje: 'Jij lacht, omdat jij veel verkoopt, he?'

Ik publiceerde dit verhaaltje in 'Door u' een veertiendaagse rubriek waarin ik, in de krant die mijn dagelijkse kolommetje drukt, bloemlees uit brieven die lezeressen en lezers mij sturen over kinderen. De aardigste heb ik door dit hele boek heen gestrooid – ter opluistering. Ze werden dus niet geschreven door mij, maar door u.

III

Op de Weteringschans kwam een jongen van 'n jaar of twintig met een fiets aan zijn hand naast me lopen. Hij was niet hip maar traditioneel gekleed en had zelfs geen bakkebaarden. Hij zei: ''t Is een rare boel hier, in Amsterdam...'

De stelling was algemeen en vrijblijvend genoeg om te beamen, dus ik knikte.

'Als je nou rekent,' zei hij, 'zaterdagavond denk ik: kom, ik koop een pilsje. Ik maak een paar deuren open, 't is gezellig, nou ja om kort te gaan – om één uur ben ik blut. En ik had 'n pilsje te veel op, daar kom ik eerlijk voor uit.'

Met zijn bruine ogen keek hij mij trouwhartig aan.

'Poen voor een taxi had ik niet meer,' vervolgde hij. 'Nou woon ik in de Noorderstraat. Dus ik denk – ik ga maar lopen. Maar nou had ik een pilsje te veel op, dus dat lopen ging niet zo best. Ik kom te vallen en ik denk: ik blijf hier maar even rustig liggen. Onder een lantaarn, toevallig. Mensen blijven stilstaan. Die zeggen: "Is u onwel?" Ik zeg: "Nee, ik heb een pilsje te veel op." Toen wou'en ze me thuisbrengen, maar dat heb ik geweigerd, want ik bezorg een ander niet graag overlast. Trouwens – ik lag niemand in de weg. Ik lag daar best, onder die lantaarn. Goed, na 'n poosje stopt er een politieauto en daar komen twee smerissen uit. Die ene zegt: "Wat doe je daar?" Ik zeg: "Gewoon – liggen. Dat ken je toch wel zien als je uit je doppen kijkt?" Toen wou hij weten waarom. Want 't zijn zuigers, hoor, die smerissen. Ik zeg: "Zet je pet maar gauw weer op, dan ben je nog een smeris, want zonder pet ben je helemáál niks." Wat miszeg ik daar nou an?'

Weer zond hij mij die trouwhartige blik. Ik voelde naderend onheil.

'Hij roept: "Nou ga jij als de sodemieter naar huis." En ik zeg: "Ik heb 'n pilsje te veel op, maar ik woon in de Noorder-straat, dat is vijf minuten met de wagen, dus als jullie me even wegbrengen is de zaak uit de wereld en dan heb ik nog wat terug van me belastingcenten." Dat is toch redelijk, nietwaar? Maar hij schreeuwt: "Er zijn twee mogelijkheden. Of je loopt nou meteen naar huis, of we nemen je in de wagen mee naar het bureau. Ik zeg: "Dan kies ik het eerste, maar je hoeft niet zo tegen me te schreeuwen, want bang ben ik alleen voor een vent, maar niet voor een gevulde koek." Wat miszeg ik daar nou an? Maar ik had de woorden nog niet uit m'n mond of ze pakken me bij m'n donder en smijten me, of ik een voddenbaal was, zó in die auto. En ik stootte m'n kop, zeg. Helemaal duizelig was ik. En ik had al 'n pilsje te veel op...'

Hij legde zijn hand op z'n achterhoofd en vertrok zijn ge-zicht pijnlijk.

'We komen op het bureau. Daar zitten nog een paar van die smerissen. Avondsmerissen. Ik denk – laat ik een beetje op m'n woorden passen, want je ligt toch altijd in de minderheid, nietwaar. Dus ál wat ik zeg is: "Die twee, he – daarbij vergele-ken waren de ss'ers lieve jongens." Meer niet. Maar wat dacht u? Met z'n vijven vallen ze over me heen. En de cel in. 's Och-tends om vier uur schoppen ze me weer de straat op. En dat, terwijl ik nooit iets misdoe. Goed, ik had een pilsje te veel op.'

En met zijn hoofd schuddend: 'Nee, 't is een rare boel, hier in Amsterdam.'

Hij maakte een groet-gebaar, stapte op de fiets en reed weg, dwars door het rode licht. Autoremmen piepten en boze chauf-feurs schreeuwden. Maar hij keek niet om.

Een geschikte jongen, als u het mij vraagt. Maar zonder tact.

Leden of begunstigers van de bond tegen het vloeken kunnen dit stukje beter overslaan, want ze zullen er zich aan bezeren. Maar ik kan óók niet helpen dat het zó en niet anders gebeurde. En ik registreer het alleen maar.

Tegen zessen ging ik binnen in een groot café-restaurant teneinde enige maagvulling tot mij te nemen.

Het was er erg druk.

Met moeite vond ik nog één vrij tafeltje, vlak bij het doorgeefluik, waardoor ik in de keuken kijken kon. De chef was een mollige man met de roze wangen van een smulpaap. Hij zou voor de rol van kok zó op kunnen in een toneelstuk, want hij beantwoordde uiterlijk geheel aan zijn métier. Aan het grote fornuis roerden nog drie in het wit gestoken mannen in de pot, maar ze waren jong en droegen witte mutsjes die nog groeien moesten.

De afwasser was een volstrekt moedeloze figuur van middelbare leeftijd die er uit zag of hij lang geleden iets in de melk mocht brokken, maar onder invloed van slechte vrienden maatschappelijk afgleed.

'Meneer, wat zal 't zijn?'

De kelner stond voor me – een stevige kerel, niet ver van zijn pensioen, maar nog helemaal bij de tijd. Hij had een wat driftige motoriek. Een kort aangebonden man met opschiet.

'Geef maar een biefstuk met brood,' zei ik.

Hij stapte naar het luik en riep: 'Een biefstuk brood. Eén.'

En zich voorover buigend: 'En wanneer komme die nieren eindelijk eens? Die man zit er al een kwartier op te wachten.'

'Die nieren komme als die nieren klaar zijn,' antwoordde de chef.

Toen de kelner wegliep draaide hij zijn roze hoofd om en riep: 'Jan, waar blijven verdomme die nieren?'

'Nog effe, chef,' zei Jan.

Met twee glazen bier op zijn blad stevende de kelner door de zaal tot hij staande gehouden werd door een oud heertje met een keurig verzorgd wit puntbaardje, dat een paar tafeltjes van mij verwijderd zat en vriendelijk vroeg: 'Ober, waar blijven m'n nieren?'

'Ze komen er zó aan, meneer,' antwoordde hij.

Hij bracht de glazen bier waar ze wezen moesten, nam een bestelling op en keerde terug bij het luik, waar 'één biefstuk brood, één', net werd klaargezet.

'Da's nou goed en wel, maar ik moet godverdomme die nieren hebben,' snauwde hij.

'Je hoeft niet zo'n grote scheur tegen me open te trekken,' zei de chef. 'Dat hoef ik godverjume van jou niet te nemen, begrijp je dat? Ik ben je knecht niet. Ik ben hier chef.'

'Een mooie chef,' hoonde de kelner. 'Een koekebakker ben je.'

Hij pakte mijn hapje en kwam het me brengen.

'Jan waar blijven in Jezus naam die nieren?' riep de chef.

'Hier,' zei Jan.

De kelner nam de schotel en zei: 'he he, dat werd godverdomme tijd.'

Even later zette hij de schaal neer voor het heertje.

Dat vouwde de handen, sloot de ogen en begon prevelend de zegen af te smeken over de nieren aan de God die in verband met dit gerecht zó fervent was gelasterd.

Maar dat wist de goeierd gelukkig niet.

v

Gehoord van een lezeres:

Enige tijd geleden kwam mijn nichtje van acht met een ongeveer even oud vriendinnetje op bezoek. Onze kat stapte, met haar vier jongen, trots door de kamer. Het vriendinnetje zei dat de kat bij haar thuis ook jongen had. Het dier was – vertelde ze – in een kast gegaan en geruime tijd later, met de jongen te voorschijn gekomen. Mijn nichtje riep: 'Hoe kán dat nou?'

Waarop het vriendinnetje zei: 'Ik weet 't niet. Misschien heeft-ie ze wel gejat.'

In een taxi reed ik door de Weesperstraat in Amsterdam, tot het stoplicht ons aan de grond nagelde.

De chauffeur, een lange, magere man van mijn leeftijd, keek mij via het spiegeltje met sombere ogen aan en zei schamper: 'Begrijpt u hoe ze 't zo nog durven noemen?'

'Wat?' vroeg ik.

'De Weesperstraat,' riep hij. 'Als we 't toch vergelijken met hoe we 't vroeger hebben gekend.'

'Ik heb 't niet gekend,' zei ik. 'Voor de oorlog woonde ik in Den Haag.'

'Ik heb 't wél gekend,' zei hij. 'M'n vader en moeder woonden dáár.'

Hij wees in het niets en vervolgde: 'We waren geen joodse mensen, maar we woonden hier wel en daarom heb ik hier als kind altijd gespeeld. Een fijne straat was het. Dáár had je die wildpoeliers en dáár stond nog zo'n mooie, ouwerwetse kruideniers winkel en ze verkochten mooi fruit, karren vol, en er was een gezellig beweeg van mensen die vrolijk waren en die lachten...'

Ik dacht: 'Nu gaat hij zeggen dat er in Amsterdam niet meer gelachen wordt.'

En dat deed hij ook.

Maar zijn ogen kregen weer iets teders, toen hij verder ging met zijn verhaal: 'En als 't sjabbes was dan liep ik hier rond. En dan kwam er een man uit z'n huis en die zei: "Jochie, kom effe 't licht aandraaien." En dat deed ik dan en dan kreeg ik wel eens een cent.' Hij draaide zijn hoofd naar mij om en zei: 'Ik liép er niet op, hoor. Maar 't overkwam me soms een paar keer. En weet u wat ik met die centen deed?'

'Nee,' zei ik wat doezelig.

Want zijn vertelling, met die telkens wijzende hand, toverde me een vroeger voor ogen dat ik nooit heb gezien.

Het licht werd groen.

We reden weer.

'Ik spaarde ze op tot ik er vier had,' zei hij. 'En dan ging ik naar een bakker, dáár. Ja, dat was nog een bakker. Een echte.

De geur in die winkel, van brood en van banket. Ik ruik 't nog. Dat was de voorpret. En voor m'n vier spie kocht ik dan een gemberbolus. Goeie God, die smáák. Het water loopt me in m'n mond als ik er aan denk. Dan proef ik 'm weer. Ik at 'm altijd heel aandachtig en langzaam op, om zo lang mogelijk te genieten...'

Zijn ogen versomberden weer.

'Vier cent...' riep hij. 'Ik zou nou vier knaken willen neerleggen voor net zo'n bolus. Maar vergeet 't maar. Dat is verloren gegaan. Ze kunnen ze niet meer maken. Wat er nou voor doorgaat is fabrieksrotzooi, waar niemand z'n hart in heeft gelegd. En zo is het met alles.'

Hij grijnsde bitter.

'De Weesperstraat!' zei hij. 'Een kale stinkstraat is het met kale stinkgebouwen, die nog steeds zo heet. Weet je hoe de joden dat zouden noemen? Een gotspe.'

In Rome

I

En ofschoon de vliegtuigkapingen aan de orde van de dag waren vlogen we toch naar Rome. Dat was tenminste de bedoeling. Het toestel zou om één uur vertrekken maar toen we ons, zeer tijdig, bij uitgang 30 vervoegden zei een klein meisje, dat daar frêle achter een lessenaartje zat en met al die zware vliegtuigen wat boven haar macht tilde, dat het wel twee uur zou worden, en ze pleisterde de wonde die deze mededeling sloeg met een bon voor een niet-alcoholische consumptie.

Nou hou ik van wachten. Je doet niets en tóch iets, want je passiviteit jaagt een omlijnd doel na. Bovendien hou ik van Schiphol. Als ik er dicht bij woonde zou ik het waarschijnlijk óók graag met eigen handen afbreken, maar mijn huis staat in de binnenstad, dus ik word geteisterd door een ander dessin geluidshinder.

De charme van Schiphol is, vind ik, dat je er eigenlijk al elders bent. De hele wereld blijkt er op bezoek en al wat je nog aan Nederland herinnert, is het enorme aantal, tot de tanden gewapende politiemannen, dat er speurderig rondloopt, omdat vliegen een wat ongewisse vorm van transport geworden is. Onder het nuttigen van de gratis, niet-alcoholische consumptie keek ik op een bord en zei: 'Dat toestel van ons gaat via Rome naar Manila. Wat zou daarvoor 'n soort regime wezen?'

'Ik weet het niet,' antwoordde mijn vrouw. 'Maar 't zal ongetwijfeld niet deugen.'

Door de luidspreker zei een juffrouw die, om zo te horen, liever zou gaan trouwen dan door dat ding uitsluitend vertragingen te melden, dat de mensen voor Rome en Manila een bon voor een lunch konden komen halen, omdat het toestel technisch niet gereed was om op te stijgen. En we haalden de bonnetjes, bij het meisje dat het, achter het lessenaartje ook niet zat te kunnen helpen en begaven ons naar de eetzaal, waar we met onze passagiers aan tafeltjes werden samengesmeed tot feestetentjes met louter onbekenden.

Eerst kregen we soep en toen een bordje met kip, voor ons neergezet door een kelner, die woedend tegen een collega riep: 'En ik heb helemaal geen dienst.'

Ik hou niet van kip.

Deze kip hield ook niet van mij.

Zij verspreidde een laffe, smoezelige smaak in de mondholte. Ik kon er ook een beetje aan proeven dat die kelner eigenlijk helemaal geen dienst had.

Na de lunch gingen we weer naar het kleine meisje achter het lessenaartje, maar zij bleek vervangen door een robuuste jongeman die men, denk ik, had ingezet, omdat zijn mededeling: 'Het zal wel vijf uur worden' sommige mensen kwaad maakte. Het meisje zou waarschijnlijk zijn gaan schreien, maar hij kon wel tegen een stootje.

'Wat dwaas om boos te worden,' zei ik tegen mijn vrouw. 'Die mensen beseffen niet dat een zó forse vertraging de kaping van het toestel, die altijd zorgvuldig getimed is, praktisch uitsluit.'

Maar volstrekte zekerheid heb je natuurlijk nooit.

Toen we eindelijk, om zes uur, in het toestel mochten bekeek ik de medepassagiers op subversieve bedoelingen.

Naast me zat een Amerikaans echtpaar.

Mensen van in de dertig.

De man kaalde al vroeg en trachtte dit gemis in te lopen door zich te buiten te gaan aan bakkebaarden. Zijn jasje had een geavanceerde snit, maar in zijn matte blik las ik geen potente hunkering naar een land waar het beter is. De vrouw was welgeschapen. Zij had een puntige, een grote, ruw geboetseerde mond en wat scheefstaande, groene ogen die een koel soort nieuwsgierigheid uitdrukten. Een boeiende dame, maar ze ging vast niet kapen. Haar voornaamste liefhebberij leek mij volstrekt a-politiek. Maar die lange, bleke jongen met die verbeten mond? Waarom bolde zijn jasje, aan de linkerkant? Ik twijfelde aan hem en schrok ,toen hij opstond en naar voren liep. Maar hij moest gewoon naar het toilet, de goeierd.

Om half negen stonden we wel degelijk in Rome. Jammer voor Dick Hillenius van Artis, want die zei, toen hij hoorde dat ik naar Italië ging vliegen: 'O, als u dan in Bagdad terecht mocht komen, vang dan een paar kameleons voor me, want daar lopen zulke mooie.'

Ieder zijn vak, nietwaar?

II

Toen Freud de divan bedacht, plagieerde hij de biechtstoel. Katholieken wisten al eeuwen dat het helpt, het eens aan iemand te vertellen. Maar psychiaters kunnen geen vergiffenis schenken. Daarom duren analyses zo kostbaar lang.

In Rome wordt veel gebiecht, in alle talen van de wereld. In de St. Maria Maggiore, een immense kerk, kunnen Nederlanders terecht in stoel dertien. Misschien is het toeval.

Nu is biechten in Rome een merkwaardig openbaar gebeuren. Dat komt door de bouw van de stoel. In het midden zit de priester die zich, achter een luik, verbergen kan, maar omdat hij het warm heeft staat het meestal open. Links en rechts van hem is plaats voor een geknielde gelovige, die hem zijn verhaal doet door een verfijnd soort kippegaas.

De gelovigen hebben geen luik of gordijn. Ze liggen daar op de knieën, weerloos overgeleverd aan het bussenvolk, dat de kerken van Rome doet. Je kunt er gewoon bij gaan staan en mééluisteren. Als het druk is neemt zo'n priester twee biechters tegelijk, zoals een gisse min, met overvloedig zog, een tweeling voedt aan beide borsten. Ik begrijp niet hoe hij zo'n dubbelloops biecht redt, want menselijke problematieken zijn nogal uiteenlopend.

Maar hij redt het – gelóóf me.

Bij de Engelse biechtstoel zie ik het volgende tafereel.

Links ligt een, zeer onlangs door de kapper behandelde dame en klaagt duidelijk hoorbaar, op een te kort gedane toon, over haar schoondochter, die niet aardig voor haar is.

Rechts ligt een jongen van 'n jaar of achttien.

Type – Romeo in moeilijkheden.

Hij fluistert, met een profiel vol vervoering.

Het is erg aangrijpend om te zien, door de volstrekte overgave, denk ik.

De priester is een man van middelbare leeftijd, kalend,

gebruind en gezond. Als je de pij verving door een witte jas zou hij een chirurg kunnen zijn, want hij heeft de realistische gelaatsuitdrukking van iemand die wel wil beproeven te genezen, maar niet zal huilen als de patiënt onder zijn handen dood blijft, aangezien hij zóveel heeft zien sterven, dat de tranen niet meer komen willen.

Hij zegt zo nu en dan eens een woordje links en een woordje rechts terug.

Het tafereel zou een mooie foto kunnen opleveren.

Maar in de kerken mag – al licht men er veel de hand mee – niet worden gefotografeerd. Met uitzondering van één – de Pietro in Vincoli, die voorkomt op de rit van alle toeristenbussen, omdat de Mozes van Michelangelo er staat.

Nu is een toerist – zoals een vriend van mij het eens puntig uitdrukte – een cycloop, die zijn oog aan een leren riempje op zijn borst heeft hangen.

Inziende dat het fotograferen van Mozes te onweerstaanbaar is om door een verbod te worden gefrustreerd, hief men het in Pietro in Vincoli niet alleen op, maar hing men bovendien een automaatje naast het beeld.

Als je daar een munststuk van honderd lire in doet wordt Mozes gedurende één minuut, ten gerieve van de cyclopen door schijnwerpers belicht.

Katholieken zijn praktische mensen.

Als ik de St. Maria Maggiore helemaal bekeken heb en, op weg naar de uitgang, wéér langs de Engelse biechtstoel kom, is de dame met de onaangename schoondochter vervangen door een dikke, hevig zwetende man, die schor zegt dat hij 't niet had moeten doen. Wat?

Ik kan hem moeilijk op zijn schouder tikken om het te vragen, want er zijn grenzen.

Aan de andere kant fluistert Romeo nog steeds.

Arme jongen.

III

In de Largo del Collonato, een straatje vlak bij de Sint-Pieter, heb ik bij de Galleria S. Pietro een rozenkrans gekocht.

32

Rustig. Er is geen reden tot paniek, want aan het pakket mijner zeer aardse denkbeelden heeft Rome niets toegevoegd, sterker nog, ik heb het bij de douane niet eens hoeven openen.

Maar de avond vóór ik naar die winkel toeging heb ik in een café, tegenover het sublieme Stazione di Termini, koele wijn zitten drinken met een Tour Escort, een man wiens vak het is, telkens weer met dertig andere Amerikanen, Europa te doen. Die mensen betalen de compleet verzorgde reis, voor ze vertrekken, aan de firma die ze met de folders zover gekregen heeft. Ze vliegen de oceaan over en landen dan in een werelddeel waar veel mensen bezwaren hebben tegen Amerikanen, maar niet tegen hun dollars.

Het geruisloos tillen van deze kuddereizigers, die overal maar kort verblijven, is in alle grote steden van Europa waar ze komen, een tot in de kleinste finesses geregelde kunst. Dus ook in Rome. Amerikanen zijn in Europa een beetje koopziek.

In Zwitserland willen ze zich een horloge aanschaffen, om thuis te kunnen zeggen: 'Dit is een echt Zwitsers horloge.'

In Duitsland moet het een camera wezen.

En in Rome, als die brave mensen katholiek zijn, een rozenkrans of een kruisbeeld.

Nu weet die geroutineerde Tour Escort in volmaakt samenspel met de plaatselijke gidsen, zijn mensen met hun dollars in al die steden precies te doen belanden in de winkels, die hem de hoogste provisie van hun aankopen geven.

In Rome is dat de Galleria S. Pietro.

Het wemelt, in de buurt van de kerk, van in religieuze attributen rijk gesorteerde zaken, maar mijn Tour Escort rijdt zijn Amerikanen juist dáár naar toe, omdat het winkeltje in die smalle straat het enige is. Een wel eens voorkomende eigenzinnige reiziger, die niet gelooft in leiding, kan dus niet ergens anders binnenlopen.

Want er is niets anders in de straat.

Heeft zo'n Amerikaan nu een rozenkrans uitgezocht, dan komt hij bij een der perfect Engels sprekende verkoopsters die vraagt: 'Stelt u er prijs op dat de rozenkrans door de paus wordt gezegend?'

Ja, dat wil zo'n man wel.

'Hoe is uw naam en in welk hotel logeert u?' zegt ze dan. Die naam heeft ze nodig om te weten of hij voorkomt op de lijst van de Tour Escort. Het hotel is altijd Hilton. Daar vindt hij de volgende ochtend in zijn postvakje bij de portier, een envelop met de reeds betaalde en nu ook nog gezegende rozenkrans. En de Tour Escort, in zijn postvakje, een envelop met de provisie.

De firma verspreidt een kaartje waarop, natuurlijk weer in het Engels, staat gedrukt waarin men allemaal handelt.

In 'souvenirs van Rome.'

In 'religieuze artikelen.'

En – ik zweer het u, want het kaartje ligt vóór me – in 'pauselijke zegeningen.'

Toen ik de rozenkrans had uitgezocht, zei ik: 'Ik zou 'm wel graag door de paus persoonlijk gezegend willen hebben. Kan dat?'

'O ja,' zei de juffrouw, terwijl een koele, naast haar staande heer, waarschijnlijk een Guildenstern der onderneming, met een pokerface toekeek. 'Dat kunnen we wel voor u regelen. Maar 't is nu zondag... Dan wordt het wel dinsdag eer u 'm kunt halen.'

'Goed,' zei ik.

Hoe zouden die katholieke Amerikanen zich dit nu voorstellen? Dat er 's avonds een jongen van die winkel, op de fiets, met een bak vol rozenkransen het Vaticaan inrijdt, een deur openstoot en zegt: 'Goeienavond paus. 't Zijn er nogal veel, vandaag.'

En dat de paus dan verheugd antwoordt: 'De zaak loopt dus goed. Dan zal ik maar meteen fiks aan de slag gaan.'

Dat doet die man toch niet. Hij heeft wel wat anders aan zijn hoofd, al was het alleen maar de kerk in Nederland. En dat hij óók provisie zou krijgen, ben zelfs ik niet bereid aan te nemen.

Ach, wat geeft het allemaal. Als je nu toch gelooft kun je er best nog bij geloven dat de paus je rozenkrans persoonlijk heeft gezegend.

Dat het begrip fatsoen in Staphorst een andere inhoud heeft dan in Amsterdam centrum is iedereen duidelijk. Rome worstelt met het feit dat er in deze materie nuances zijn.

Een vrouw die de St. Pieter binnen wil, moet decent gekleed zijn.

Maar er bestaat geen universeel decent meer. Aangezien toeristen uit alle landen van de wereld deze kerk willen bezoeken, heeft men er te maken met een enorm scala van normen. Wat is nu de St. Pieter-norm, waaraan een vrouw die er in wil moet voldoen? Dat kan ik u, als vrucht van een grondige studie, precies vertellen.

Bij de ingang staan drie mannen, wier taak het is de norm toe te passen. Tegenover hen is een stenen bank. Daarop heb ik een vol uur gezeten, om naar hen te kijken. Toen wist ik, om met Hamlet te spreken, het systeem in de waanzin.

Vlak bij de deur – links voor de lezer – staat een jongen van zowat vijfentwintig jaar, gekleed in een spierwit uniform. Een geschikte jongen, wat dromerig. Helemaal rechts: een kleinere knaap, in een grijs uniform met een paars kraagje. Een fretje, duidelijk een dienstklopper, die hogerop wil. En in het midden staat een man van ruim vijftig in burger, die onmiskenbaar de baas is.

Nu stroomt er, op een zondag, heel wat volk naar binnen. Daarom hebben de mannen, zo bleek mij na lang toekijken, een stringente taakverdeling. De witte jongen beperkt zijn opmerkzaamheid uitsluitend tot alles boven het middenrif. Ziet hij blote armen of een te diep decolleté, dan roept hij op de jammerende toon waarin Italianen zo sterk zijn: 'Giacca... giacca...'

Zo'n vrouw moet dan een vestje aan of een doek om. Kan ze deze textiel niet produceren, dan mag ze niet binnen. Als ze behoort tot een groep hult ze zich in de regenjas van een andere dame, die daaronder wél aan de norm voldoet.

Het fretje legt zich uitsluitend toe op benen en staat dan ook met gebogen hoofd op post. In zijn vrije tijd zal hij, bij wijze van recreatie, het hoofd wel vaak in de nek werpen en daardoor ten onrechte de indruk wekken dat hij hooghartig van natuur is.

Hoe mateloos gecompliceerd is het leven toch.

In de diensturen is zijn bestek duidelijk. Rokken tot de knie zijn toegestaan. Alle vrouwen met hoger klimmende mini kunnen het altaar wel vergeten, want ze komen er per se niet in.

De reacties van de dames die eruit gepikt worden blijken uiteenlopend. Jonge, buitenlandse meisjes kijken voorname-lijk verbijsterd of ze in een ver, primitief, tropisch land een dief voor straf de hand zien afhakken. Maar vrouwen van tegen de vijftig, die hun blote armen of halzen moeten bedekken op last van een knappe jongen van vijfentwintig krijgen iets suspect kraaierigs.

Wat doet nu de báás?

Die gaat over de grote lijnen en ziet er op toe dat de twee niet verslappen.

Soms maakt hij een knorrend geluid en wijst op een kort gerokt meisje, dat aan de aandacht van de fret is ontsnapt. Hij loopt haar dan op een drafje achterna.

Eén zo'n kind was al te ver naar binnen. Toen liet hij haar maar gaan en maakte, bij terugkeer tegen de baas het wiebe-lend handgebaar dat zeggen wilde: ''t Was tóch een twijfelge-val.'

De baas is – dat zie je duidelijk op zijn gezicht – een zwijn, wiens erotische divertissementen buiten de werkuren ik mij liever niet voorstel. Hij staat met de handen gevouwen op de gulp tussen zijn knechten en kijkt broeierig naar álle vrouwen. Hij is geknipt voor zijn vak. Een voyeur, die daar niet alleen salaris voor krijgt om vrouw en kinderen te spijzigen, maar ook nog de indruk heeft dat hij er een heilige zaak mee dient. Zit die vent even op fluweel?

v

Terwijl ik schrijf op een caféterras wil een oude, geheel verluis-de man, die er uit ziet als een model van Rembrandt in zijn somberste tijd mij een rugkrabbertje verkopen.

Nu krab ik maar zo zelden op mijn rug.

Ik zou het ding natuurlijk niettemin kunnen kopen, maar

het is een volumineus voorwerp – een lange stok, met aan het eind een eng plastic handje – waarmee ik dan de hele dag door Rome moet lopen en daar zie ik tegenop. ('Ik wou dat ik de zorgen van déze schrijver had,' zegt Tucholsky nu). Nou ja. Ik geef de man maar een paar muntjes, waarna hij zich introvert en God weet wát mompelend verder sleept door dat leven van 'm. Ik kijk hem na. En ze waren zo blij, toen hij geboren werd. Ze zagen de rugkrabbers nog niet aankomen.

Rome is ruim gesorteerd in droevige verkopers van nutteloze voorwerpen en regelrechte handophouders.

Al is het niet zo erg als in Napels waar, met uitzondering van de burgemeester, iederéén bedelt en de bedelaars dus ook bij elkaar moeten bedelen.

Als ik de pen weer opgenomen heb, nadert een vrouw of beter gezegd het wrak van wat eens een vrouw was. Ze is heel dik en grijs van het vuil en ze strompelt op pantoffels langzaam voort, helemaal krom en steunend op elk voorwerp dat zich daartoe leent. Bij een meisje, dat aan een volgend tafeltje zit, steekt ze haar hand uit en haar tandeloze mond zegt: 'Belta... belta...'

Wat een gruwelijke vernedering is het voor een vrouw, die misschien zelf eens mooi was, te moeten bedelen bij een meisje, onder het uitroepen van: 'Schoonheid... schoonheid...'

Het enige voordeel van zo'n bestaan is dat de hel je later nog maar weinig nieuws te bieden kan hebben. Van het meisje krijgt ze niets en ze spuwt nijdig op de grond.

Ik geef haar wél wat, want ik heb besloten ieder die in deze stad in een duidelijke staat van verval verkeert en geld van me wil, te honoreren.

Terwijl zij Gods zegen over mij afsmeekt, denk ik opeens aan de dikke, dames-achtige vrouw van middelbare leeftijd, die mij op Park Avenue in New York eens om een dollar vroeg, voor eten. Ik gaf haar de dollar en ze riep blij verrast, dat ze nu 'a big dinner' tot zich nemen zou, maar ik wist geheel zeker dat ze er drank voor ging kopen. Dat zag ik aan haar ogen.

Terwijl ik verder schrijf komt er een keurig geklede, wat corpulente heer van mijn leeftijd aan.

Ik schat hem op een bankbediende.

Maar hij blijft naast mij stil staan, houdt mij zijn jat voor en begint zachtjes te schreien, met authentieke tranen. Ik doe er haastig wat in, waarop het schreien verstomt.

De Russische regisseur Sjarov, die in Italië woonde, vond de Italianen slechte acteurs.

'Als je tegen een Italiaan zegt: "huil", dan huilt hij meteen,' zegt hij eens tegen me.

Hij vond ze te vrijgevig met hun emoties en daarom ondiep.

Mijn schreiende bankbediende zou hem een expressief voi-la-gebaar hebben ontlokt, want hij was wél een goeie acteur.

Nu komt er een jongen van een jaar of twintig, kijkt me zeer agressief aan en snauwt: 'Cento lire.'

Dat is blijkbaar zijn minimumtarief.

Ik antwoord, duidelijk gearticuleerd: 'Loop naar de verdommenis.'

Hij doet het meteen. Nou ja, hij loopt in elk geval dóór. Of hij naar de verdommenis gaat weet ik natuurlijk niet. Hollands is een taal waarvan, ook in den vreemde, een grote overtuigingskracht kan uitgaan. Des avonds om elf uur besluit mijn Romeinse Driestuiversopera met een gitzwarte zigeunerin, die bedelt met een kind van hoogstens een jaar op de arm. 't Is een blond jongetje, heel diep in slaap. Ze zal hem wel te leen hebben, want hij is veel te blond om van haar te zijn.

'Wat moet er nou terecht komen van zo'n wurm?' zegt mijn vrouw.

Maar dat valt niet te voorspellen. Misschien wordt hij, met deze jeugd als motor wel een groot industrieel. Maar dan zal hij een despoot zijn voor zijn personeel.

Deugd

Schrijven doe ik thuis of in een café dat daarvoor geschikt is. Het staat op een goede plaats in het centrum van Amsterdam, maar het loopt niet. Ze hebben al van alles geprobeerd. Andere wandschilderingen. Een knus soort verlichting, waarbij je de krant niet lezen kon, zonder het risico blind te worden. Op een dag waren de kelners opeens verkleed als Tirolers. Maar dat hielp óók niet. De mazzel wil die deur nu eenmaal niet binnen. Maar voor mij is het wel gerieflijk, want ik kan er 's middags rustig werken.

Alleen op beursdag komt er vrij veel volk. Mannen uit de provincie, die willen drinken en een vrouwtje zoeken. Dat kan daar allebei. Aan de bar zitten altijd drie of vier dames, die het oudste beroep van de wereld uitoefenen. Zij doen dat al heel lang en ze zijn er – net als ik – bij het klimmen der jaren niet mooier op geworden. Zo'n man, meestal groot en middelbaar, met een hevig puilend vest, zie je eerst even met zo'n vrouw praten. Dan komt ze van de kruk, trekt haar jas aan en verlaat het café. Een minuut later gaat die vent óók weg. Hij probeert te lopen, als iemand die denkt: 'Kom, ik ga eens een deurtje verder kijken.' Het percentage hypocrieten onder mannen ligt zeer hoog.

Een paar jaar geleden heb ik eens in dat café met één van die verlepte vrouwen een hele middag zitten praten, omdat ze 'een jofel verhaal had.'

Het was een jofel verhaal.

Maar het ging over haar vak en de kuisheid van mijn blad verhinderde me toen het op te schrijven. Misschien kan het over een half jaar, als de beschaving in dit tempo blijft voortschrijden. Toen ik haar aan het eind van die geanimeerde middag bedankte en opstond, zei ze op schuwe toon: 'Je gaat zeker naar huis.'

Vorige week kwam ik, op beursdag, weer in dat café. Het was drie uur en nog stil, want de mannen komen pas tegen vijven. Maar de dames hadden hun strategische positie aan de bar reeds ingenomen. Ik ging aan een tafeltje bij het raam

39

zitten, trok de pen en opende mijn schrift. Toen ik net de eerste zin op papier had gezet, kwam een der dames, die best mooi was geweest, vroeger, naar me toe en zei: 'Meneer, mag ik u eens wat vragen?'

Ik kwam overeind, want uit het werkje 'Hoe hoort het eigenlijk?' heb ik onthouden, dat je, als een vrouw bij je tafeltje staat, niet mag blijven zitten.

'Vraagt u maar,' zei ik.

Ze glimlachte verlegen.

'Ik heb 'n vriendin,' sprak ze, 'en die leest boeken van u. Ze vindt ze leuk.

'Dat doet me genoegen,' zei ik, houdingloos. Zij opende haar tasje.

'Nu heb ik haar verteld dat u hier wel eens komt,' vervolgde ze. 'En ze heeft me gevraagd of u op dit papiertje uw handtekening wilt zetten. Dat plakt ze dan in zo'n boek, ziet u.'

Ze gaf me het papiertje.

'Met genoegen,' zei ik. Want het verstrekken van handtekeningen vind ik wel flauwe kul, maar als iemand 't nu graag wil, waarom dan niet?

'Hoe heet uw vriendin?' vroeg ik.

'Loeloe,' zei ze, 'met twee oe's.'

Ik schreef op het papiertje: 'Voor Loeloe, met hartelijke groeten.' En daaronder mijn handtekening.

'O, dank u wel meneer,' zei ze. 'Daar is ze vast erg blij mee.'

Er viel een zwijgen. In een Duitse operette zouden ze zingen: 'Wir standen machtlos visavis.'

'Kom,' zei ze, 'ik ga maar weer eens op me stekkie zitten.'

Toen ik de tweede zin opschreef, stond de ober naast me. Een oude, in het vak vergrijsde. En hij zei met een glimlach, die me bij zal blijven: 'Of u iets gebruiken wilt van die dame – in alle eer en deugd.'

Dood van een dichter

Het was tien uur in de avond en ik stond net op het punt Paul Vlaanderen uit te doen aangezien je niet veel anders met die man doen kunt, toen de telefoon ging. Ik nam de hoorn op en riep mijn naam. Een schorre mannenstem zei: 'U kent me niet, maar ik ben de benedenbuurman van De Vries. De dichter De Vries, zal ik maar zeggen.'

'O ja,' riep ik. 'Hoe gaat 't met hem?'

'Hij is dood,' antwoordde de man.

'Ach...' zei ik en deed Paul Vlaanderen uit. Terwijl de stem omstandig vertelde waaraan de heer De Vries bezweken was en hoe laat, dacht ik aan hem. Zo'n jaar of tien geleden belde hij eens bij me aan – een beminnelijke, grijze man, weduwnaar en sinds kort gepensioneerd door een bank waar hij veertig jaar in zo'n kooi met geld had gezeten, zonder er ooit eens iets van mee naar huis te mogen nemen. Hij gaf zich nu geheel over aan zijn hobby – het schrijven van gedichten. Die middag las hij er mij 'n stuk of twintig voor met zachte, aarzelende stem. Ze gingen over de lente en over de herfst en over de liefde tot de medemens en ze waren net zo beminnelijk als de heer De Vries zelf.

Een door mij op zijn verzoek ondernomen poging ze in een blad geplaatst te krijgen faalde, omdat tijdschriftredacteuren de verstandige gewoonte hebben zelf te oordelen en geen acht te slaan op aanbevelingen. Ook wat hij daarna op eigen kracht verzond kwam steeds per kerende post retour in de gefrankeerde antwoordenvelop die hij er altijd bijvoegde. Deze ervaring verbitterde hem niet. Hij bleef zijn versjes schrijven en kwam ze me zo nu en dan voorlezen. Een aardige man, wel eenzaam, maar niet eens zo érg ongelukkig.

'Nou heeft-ie een broer,' zei de buurman. 'Die heb ik gebeld. Maar hij was niet thuis. Z'n hospita zou 't doorgeven. Maar hij moet wel snel wezen. Want het lijk wordt over een uur gehaald. Als u hem dus nog zien wilt...'

Hij zweeg even. Toen vervolgde hij: 'Hij zei dat u een vriend van hem was.'

'Ik kom,' riep ik. Even later zat ik in een taxi, op weg naar het oude pandje in de buurt van de Jordaan, waar de heer De Vries woonde. De chauffeur had de radio aan. Een hoorspel. Een gladde stem zei: 'Natuurlijk, wij als uitgevers begrijpen best dat een schrijver wel eens een inzinking heeft, maar daar kunnen we wat aan doen als u meewerkt. Vertoon u met een opvallende vrouw. Zorg dat ze over u praten...'

De heer De Vries had eigenlijk nooit een inzinking. Al zijn versjes waren op hetzelfde niveau. Daarom wilde niemand ze drukken.

De buurman bleek een oud krom kereltje te zijn, dat hijgde op de trap. Op de eerste etage hoorde ik dat bij Paul Vlaanderen aan had. Op de tweede lag de heer De Vries in een heldere pyjama in zijn bed en leek in het geheel niet meer op zichzelf.

'Veilig in Jezus' armen,' zei de buurman. Even later schonk hij mij in de huiskamer van de heer De Vries een zeer zoet kopje thee en sprak: 'Hij is tenminste van de hele rotzooi af. 't Is toch geen leven meer in deze tijd voor 'n beschaafd mens? Ze dóén maar, en...'

De bel ging en hij keek uit het raam.

'De auto van de begrafenis,' zei hij. 'Die broer komt te laat.'

Er kwamen twee mannen met een brancard binnen, die met de buurman verdwenen in het slaapvertrek. Op het bureautje stond een foto waarop je de heer De Vries, in vroeger jaren, stijf gearmd met zijn vrouw op de Dam zag lopen. De mannen moesten er vlak langs met de brancard waarop hij vastgesnoerd onder zeildoek lag. Boven aan de trap deed een der mannen een riem om zijn nek. Toen hij net, achteruitlopend, was begonnen met afdalen keek hij mij aandachtig aan, plooide een lachje om zijn volle lippen en zei op feestelijke toon: 'Ik ken u, van de televisie. Laatst, dat verhaaltje... Waar ging 't ook weer over... Erg aardig hoor.'

Hij wankelde.

'Pas op,' riep ik.

'O, wij kennen deze trappetjes,' zei hij. 'Oud Amsterdam is wel moeilijk voor ons bedrijf.'

Toen ze weg waren met hun last dronk ik de thee op,

schudde de buurman zijn hand en dankte hem voor zijn goede zorgen.

'Graag gedaan,' zei hij somber.

In de taxi naar huis riep een wat knorrige stem uit de mobilofoon: 'He verdomme, weet nou helemaal niemand hoe hoog de dollar staat?'

'Wat ben je weer chagrijnig, ome Jan,' zei een andere stem. 'Heb je weer pijn in je maag?'

'Ja,' riep ome Jan. 'Ik heb altijd pijn in me maag. Maar wat zou dat? Je mot toch érgens aan kapot gaan.'

Het dorp waar ik – zó maar – uit de bus was gestapt, viel een beetje tegen. In de hoofdstraat stond nog één mooi, antiek pand. De rest was allemaal verbouwd. De lelijke kroeg waar een verlegen meisje van hooguit veertien me een vies kopje koffie met voetbad serveerde, vibreerde ook niet van inspiratie. En op het plein bleek dat er in het dorp nogal wat religieuze optimisten woonden, want er stond een splinternieuwe kerk, nog ruikend naar de verf. De kerk leek op een uit zijn krachten gegroeide bunker van waaruit het gemeentehuis aan de overkant gemakkelijk onder vuur gehouden kon worden. De architect van deze betonnen vergissing zal, als hij er over tien jaar langs komt, stellig denken: 'Dat was een lelijke miskleun van me. Stortte-ie maar in...' Dat verzoende me weer met mijn vak. Als ik een rotstukje schrijf is het de volgende dag vergeten. Maar zo'n kerk zie je echt stáán, hoor – jaar in, jaar uit. Nee, de architectuur is een eclatante vorm van gevaarlijk leven.

Naast het gemeentehuis woonde de kapper. Ik dacht: 'Kom, ik zal m'n haar maar eens laten knippen.'

En ik ging er binnen. De kapper was een oude man, die in het dagblad 'Trouw' zat te lezen. Dat zie je bejaarde mensen in dorpen wel meer doen. Ze denken dat 't nog steeds een gereformeerde krant is.

'Een beetje bijknippen maar,' zei ik.

Hij deed me een wit gewaad aan en kamde al mijn haar naar voren waardoor ik er opeens uitzag als iemand die bij een liefhebberij-toneelclub een monnik moet spelen. De deur ging open en er trad een zeer dikke, vadsige man van middelbare leeftijd binnen met een koffertje in de hand.

'Dag Bolle,' zei de kapper dan ook.

'Ik kom 't effe fikse,' antwoordde Bolle.

'Moet je eerst wat...,' begon de kapper.

'Nee,' riep de man. 'Nou niet. Dat zou te gek wezen.'

Hij opende de deur en verdween in het achterhuis.

'Bolle is een bijnaam, hoor,' zei de kapper. 'Omdat hij zo dik is. En hij is zo dik omdat-ie zoveel eet, ziet u.'

De monnik knikte in de spiegel, ten bewijze dat hij oorzaak en gevolg begreep.

'Een eigenaardige man,' vervolgde de kapper. 'Hij is de enige in het dorp die verstand heeft van radio's en televisies dus als er iets aan zo'n toestel kapot is moet je bij hem terecht. Als je hem opbelt komt-ie wel, maar voor hij aan het werk gaat moet je hem eerst te eten geven. Die man heeft nou eenmaal een abnormale eetlust. En de mensen hier weten dat 't erbij hoort.'

De tondeuse maaide mijn nek rigoureus.

Ieder kapper heeft z'n eigen coupe.

'Nou heb ik een radio op de slaapkamer staan, naast m'n bed,' zei hij. 'En die gaf ineens geen geluid meer. Nou heb ik er zelf helemaal geen verstand van. Ik kan nog geen spijker in de muur slaan. Dus ik belde de Bolle op. Gistermiddag om drie uur kwam hij. In de keuken at hij eerst vier boterhammen met spek en drie eieren er op. Hij dronk er twee pulletjes bier bij. En toen zei hij: "Nou ga ik maar eens aan het werk." 't Was blijkbaar een erg ingewikkeld karwei want het werd vier uur en vijf uur en hij kwam nog steeds niet te voorschijn. Tegen zessen ging mijn vrouw eens kijken. Hij lag heerlijk te pitten in een fauteuil die ik daar heb staan. Ze maakte hem wakker en wat bleek? Van al dat eten was hij een beetje loom geworden, dus hij dacht "Voor ik aan de slag ga, moet ik effe zitten." En toen was hij in slaap gevallen. Mijn vrouw vraagt: "Maak je de radio nóu dan nog even?" Maar hij kijkt op z'n horloge en zegt: "Nee, 't is zes uur, ik moet naar huis om te eten." '

De deur ging open en de Bolle verscheen weer.

'Nou al klaar?' vroeg de kapper.

'Ja,' zei hij. 'Je stekker zat niet in het stopcontact. Allicht dat er dan geen geluid uit komt.'

Hij wenste ons een goedemiddag en vertrok. Hij zag er hongerig uit.

Hendrik

In het kleine Amsterdamse café, waar ik 's avonds iets tot mij nam stond ik naast een aan de slapen grijzende man, die met smaak een biertje dronk dat kennelijk zijn eerste niet was. Hij had een vrolijke dronk en riep: 'Neem wat van mij. Ik heb iets te vieren.'

En toen ik het gevulde glas geheven had, zei hij: ''t Is een beetje 'n raar verhaal. Kijk, ik ben een man alleen, vervroegd gepensioneerd en zonder de gebruikelijke hobby's. Ik heb er maar één, maar die mag je geen hobby noemen. Elke avond na het eten ga ik de stad in en de kleine kroegjes af. En dan laat ik me vollopen met bier. Dat vind ik leuk. Daar word ik vrolijk van. En wat wil je nou meer dan vrolijk zijn?'

Hij keek me aan en ik knikte. Wat wil je meer?

'Ik eindig die kroegentocht altijd in een acht twee zaak,' zei hij. 'Daar blijf ik tot ze sluiten. Dan heb ik 'm behoorlijk zitten. Maar nog steeds vrolijk. Tegen die tijd voel ik altijd een beetje honger, dus dan wandel ik door de Leidsestraat naar zo'n automatiek en daar trek ik een paar kroketten uit de muur. Een maand of wat geleden, toen ik weer, om vijf over twee, in die automatiek kwam, zat daar een klein, zwart hondje, zonder staart. Een jofel hondje. Ik noemde hem Hendrik. Ik weet niet waarom. En van elke kroket, die ik trok, gaf ik hem de helft. Dat vond-ie fijn. En als tegenprestatie liep hij met me mee toen ik, door het Vondelpark, naar huis wandelde. In het Vondelpark hadden we veel pret samen. Ik praatte tegen hem. Dat begreep hij best, hoor. Of ik gooide eens een takkie weg en dat bracht hij terug. Leuk. De volgende nacht zat hij weer in die automatiek. En de ceremonie herhaalde zich. Eerst kroketjes delen en dan nog wat dollen samen in het Vondelpark. Dat is maanden zo doorgegaan. Maar weet u wat nou zo gek was?'

Hij dronk zijn glas leeg en sprak: 'Hendrik liep met me mee door het Vondelpark, maar nooit tot aan mijn huis, dat daar vlakbij is. Als we het Vondelpark uitkwamen verdween hij. Eerst viel me dat niet zo op. Maar 'n paar weken geleden werd ik 's ochtends wakker. Een beetje nevelig. Echte katers heb ik niet meer. En ik dacht aan Hendrik. En ik stelde mezelf de vraag: "Waarom is hij, als we het park uitkomen, altijd ineens verdwenen?" En toen kwam er een vreselijk vermoeden bij me op. Ik dacht: "Misschien bestaat Hendrik helemaal niet, maar hallucineer ik hem, als ik al dat bier op heb." En als alcohol dát met je gaat doen... Daar schrok ik van, begrijpt u dat?'

'Volkomen,' zei ik.

'Nasporingen overdag liepen op niets uit,' zei hij. 'Dan vond ik Hendrik niet in de automatiek. Blijkbaar was-ie net zo'n nachtvlinder als ik – aangenomen tenminste dat hij bestond. En die vraag werd een obsessie voor me. Eén avond ben ik, zonder een drup gedronken te hebben, in bed gaan liggen en heb een slaappil ingenomen. De wekker zette ik op half twee. Om vijf over twee kwam ik, broodnuchter, die automatiek binnen. En ik zag géén Hendrik. Dat was een harde slag.'

Hij liet de glazen weer vullen.

'En verder?' vroeg ik.

Hij zei: 'De volgende nacht, toen ik de vracht bier weer binnen had stond Hendrik er wél, blij dat ik kwam. Hij zou gekwispelstaart hebben als hij een staart had gehad. Ik deelde de kroketten met hem, maar met gemengde gevoelens. En toen hij bij de uitgang van het Vondelpark was, verdween hij weer ineens. Gek. Van die tijd af was hij geen moment meer uit mijn gedachten. Ik zat in de kroegen, maar ik was niet vrolijk meer. Ik piekerde. Vrienden begonnen me te mijden. De zin van het leven was voor mij verdwenen. Maar vanmorgen werd ik uit mijn doffe ellende verlost. Een week geleden, ontmoette ik in die automatiek, toen ik mijn kroketten weer met Hendrik stond te delen, een vriendin van vroeger. Ze was de dag daarna met vakantie naar Italië gegaan en ze zond me een kaart waarop tot mijn onuitsprekelijke opluchting stond: "Veel lieve groeten van Ria en love to Hendrik."'

David

I

Een week lang heeft mijn kleinzoon David van vijf bij ons gelogeerd. Als hij in gezelschap van zijn broers Sander en IJsbrand is zegt hij weinig, omdat hij het te druk heeft met het verdedigen van zijn territorium. Maar alléén, niet door deze concurrenten bedreigd, wordt hij zeer mededeelzaam. De mooiste zin sprak hij tegen middernacht toen we hem even in bed overeind zetten voor een plas in de pot. Terwijl hij zijn plicht deed zei hij met dichte ogen: 'Ik kom van heel ver...'

We hadden er op gerekend dat hij de volgende ochtend tegen zevenen voor ons zou staan om lekker te gaan leven, maar dat viel mee. Toen we om negen uur wakker werden en eens gingen kijken, zat hij zoet in bed met een, mij door de uitgever eens toegestuurd prentenboekje, dat ik hem de vorige avond zes keer achter elkaar had moeten voorlezen.

Erg raadselachtig.

De plaatjes zijn wel leuk, maar de uit het Engels vertaalde rijmpjes wemelen van termen die een kind van vijf onmogelijk begrijpen kan. Er staan zinnetjes in als 'Hij nam de wijk' en 'Zij vonden een onderkomen.' Bij het voorlezen vroeg ik telkens: 'Weet je wat dat betekent?'

'Nee,' antwoordde hij dan vriendelijk.

Maar hij hing aan mijn lippen, wilde dit boekje en geen ander zes keer achter elkaar horen en zat er nu wéér mee. Het schrijven voor kleine kinderen zal voor mij altijd een volstrekt ondoorgrondelijk ambacht blijven.

Bij het ontbijt zei hij zeer voldaan: 'Ik logeer. En Sander niet. Die heeft gewoon thuis geslapen.'

En hij belde zijn moeder op om te vragen of hij met mij naar de bioscoop mocht, want hij wilde er alle boter uitbraden die er in zat. Hij mocht.

'Goed,' zei ik, 'dan gaan we vanmiddag naar Mickey Mouse. Ik kom je om één uur wel ophalen. Opa moet nou eerst even weg om te werken.'

'Wat moet jij dan werken?'

'Een stukje schrijven.'

'Waarom?' vroeg hij.

Ja, waarom... Ik zei maar dat het nu eenmaal moest en verliet het huis. Na mij in een café van mijn plichten te hebben gekweten keerde ik precies op tijd terug en ging met hem op weg naar de bioscoop. We liepen door de Vijzelstraat.

Dat het verkeer daar een afgrijselijke herrie veroorzaakt valt me anders nauwelijks op. Ik ben er aan gewend. En ik loop er meestal alléén, wat in mezelf te praten en dan hoor ik best wat ik zeg. Maar als je een tot je heup reikend jongetje aan je hand hebt dat, daar in de diepte, allerlei mededelingen verstrekt waarvan je geen woord kunt verstaan krijg je opeens de pest aan al die auto's, trams en vooral de brommers, die luid knallend worden bereden door jongens, op weg naar een demonstratieve bijeenkomst tegen de geluidshinder. Na een poosje ging ik op mijn hurken naast hem zitten en riep: 'Opa kan je niet verstaan door die herrie hier. Vertel het me straks maar, in de bioscoop.'

Hij knikte. Toen we er even later zaten – de voorstelling was nog niet begonnen – vroeg ik: 'En wat vertelde je nou allemaal?'

Weer kreeg zijn gezichtje die voldane uitdrukking. Hij sprak: 'Ik zei – Sander is nou met mamma naar de Bijenkorf. Maar 't is helemaal niet leuk, in de Bijenkorf. Je kunt er alleen maar lopen en kijken. Daar is niks aan. In de bioscoop is het wèl leuk. En ik ben in de bioscoop. Sander niet. Die is in de Bijenkorf.'

II

De volgende ochtend, toen mijn vrouw het ontbijt maakte en ik rechtop in bed zat te wennen, kwam hij in looppas de slaapkamer binnen, met een hele grote schaar, die hij op mijn bureau had gevonden.

'Val niet!' riep ik bangelijk. Ernstig zei hij: 'Als ik de schaar zó hou en ik val komen die messen in m'n buik en als ik 'm in de hoogte hou en ik val dan komen ze in m'n ogen.'

'Zal ik je een beetje voorlezen?' vroeg ik. 'Ga maar wat halen uit de kast. Enne – leg die schaar maar zolang op 't tafeltje.' Hij deed het. De door mij gevolgde tactiek bewijst dat ik het rode boekje der scholieren met vrucht gelezen heb, want daarin wordt onder meer gefulmineerd tegen de irritante gewoonte van volwassenen om kinderen de hele dag 'dat mág niet' toe te voegen. De omtrekkende beweging is effectiever. Even later kon ik die wéér toepassen. Hij keerde namelijk in de slaapkamer terug met het boekje 'Pipo en Felicio in Kaliefland.' Terwijl ik voorlas hoe ze aan het hof van de sjeik van Kierewiet komen zag ik dat David, in aandacht verzonken naast mij zittend de wijsvinger in zijn neusgat boorde. En ik las: 'De sjeik van Kierewiet heft zijn hand op (boing, doet de gong) en zegt: "Welkom vreemdelingen, ik wens u veel genot toe in mijn land, maar praat niet voor uw beurt want dan laat ik u werpen in de slangenkuil of een pak stokslagen geven. En nog iets" – improviseerde ik nu – "ik, de sjeik van Kierewiet, verbied David ten strengste om met zijn vinger in zijn neus te zitten."'

Als door een adder gebeten rukte hij zijn schuldig handje naar beneden en ging er op zitten. Een uitstekend systeem, zoals u ziet. Ik kreeg m'n zin en was toch niet de kwaje pier uit het rode boekje. Nee, dat was de sjeik van Kierewiet, maar sjeiks zijn nu eenmaal ongeneeslijk autoritair.

Als ik aan het eind van de middag, na gedane arbeid thuis kom vind ik hem wéér in nachtgewaad met zijn etensbordje voor het testbeeld van de televisie.

'Ik hoef pas om acht uur naar bed,' roept hij. 'En ik mag naar de televisie kijken. Komt er iets om te lachen?'

'Misschien,' antwoordde ik vaag. Want ik heb hem, maanden geleden, voor aanvang van de Tommy Coopershow eens beloofd dat er een heel leuk meneertje zou komen. Hij keek voornamelijk bezorgd naar de man en vroeg, na zo'n minuutje of tien: 'Opa – wanneer komt dat leuke meneertje nou?'

Sindsdien ben ik voorzichtiger met het beloven van pret. Ook nu blijkt dat een wijs beleid want 'Arnie' op het eerste net en 'Memorandum van een dokter' op het tweede doen hem voornamelijk versomberen. Pas bij de Ster leeft hij wat op. Er komt een kuipje met dessert in het beeld – zes smaken – en een sceptische mannenstem zegt: 'O, da's pudding.' Een vrouw antwoordt: 'Nee, 't is geen pudding, 't is veel smeuïger, zie je wel?' Op koel constaterende toon zegt David: ''t Is wél pudding. Wij hebben het ook.' Als hij vervolgens ook nog, onder het citeren van zijn moeder, de stelling dat er zes borden soep in dat pak zitten heeft aangevochten is het acht uur en gaat het toestel uit. In bed zittend verklaart hij: 'Ik heb de Mounties wel eens gezien. En Johnny en Rijk. Ik kijk liever naar Johnny en Rijk.'

'Waarom?' vraag ik. 'Dat duurt langer,' zegt hij en gaat liggen. Een beetje verlegen vraagt hij: 'Opa hoe wist de sjeik van Kierewiet nou dat ik met mijn vinger in m'n neus zat?'

'Dat wist hij niet,' antwoord ik. 'Dat verzon ik er bij. Nou slaap maar lekker en droom maar mooi.'

Hij kruipt diep onder de dekens en begint onverwijld aan een nacht waarin hij, zoals de volgende ochtend blijkt, zal dromen van twee haasjes die met behulp van kleine plankjes een huisje bouwen.

En is dat soms niét mooi?

III

De derde dag. Hij zit op de bank bij het raam.

En hij kijkt aandachtig naar mijn hand, die op mijn knie rust.

Dan raakt hij, met zijn vingertje, voorzichtig een grote, blauwe ader aan en zegt: 'Ik heb ook van die buisjes.'

'Ja.'

'Maar bij mij ken je ze niet zien. Ze zitten van binnen.'

'Dat is zo,' zeg ik.

En ik wacht op het vervolg, dat komt: 'Als je oud ben, zitten ze van buiten. En dan krijg-ie ook van die streeppies.'

Zijn vinger wijst nu mijn gerimpeld voorhoofd aan.

'En je hebt sproeten,' zegt hij. 'Ik heb óók sproeten.'

Hij steekt zijn neus naar voren waar er zich amper een stuk of vijf ophouden.

'En hier zit er ook nog een,' zegt hij, zijn haar van zijn voorhoofd schuivend.

En op wat spijtige toon: 'Jij hebt meer sproeten dan ik.

Maar –' (zijn stem gaat over in majeur) 'je hebt niet zoveel sproeten als mijn pappa.'

'Dat is waar.'

Want zijn vader overtreft mij daarin verre.

Zij blijven hem alle seizoenen trouw en aangezien David graag wil zijn als zijn vader, hunkert hij naar sproeten.

Een poosje zitten we zwijgend naast elkaar op de bank.

Zijn vingertje raakt de blauwe ader op mijn hand weer even aan en hij zegt: 'Als je oud bent, ga je dood.'

Ik knik.

We zijn aangeland bij een van zijn favoriete gespreksthema's.

'En als je dood bent, ken je niet meer bewegen,' legt hij mij welwillend uit. 'Dan sta je helemaal stijf in de kerkhof. Zó.'

En hij doet het me voor – languit liggend op de bank.

'En je ken ook nergens meer naar toe,' zegt hij. 'Niet naar de stad. En niet naar het zwembad. Want je ken niet meer lopen, zie je.'

Ik zag het.

'En je ken niet meer kijken. Want je hebt geen ogen meer. Maar...'

Er komt een slim lachje om zijn mond.

'Je denkt in de kerkhof dat je levend bent. En dat je in je bedje ligt, onder de dekens, in 't donker. En dat je morgen weer wakker wordt. Maar dat is niet waar. Je wordt niet wakker. Want je bent dood.'

'Dat is waar,' zeg ik.

Weer een korte stilte.

Ik dacht dat het onderwerp uitputtend was behandeld, maar hij weet nog een staartje: 'Als je dood bent is alles weg. Ook je sproeten zijn weg.'

En dan zorgt hij tóch nog voor een happy end door vriendelijk te zeggen: 'Daarom ken je beter niet dood gaan, opa.'

IV

De vierde ochtend. Ik ben met een schok wakker geworden. Het is zeven uur, zie ik. Mijn vrouw slaapt nog diep, maar ik weet geheel zeker dat mijn nachtrust op is. Voorzichtig stap ik uit bed en op mijn tenen loop ik naar de badkamer. Ik hou mijn hoofd onder de koude kraan, droog het af en zeg tegen mijn nog wat verfomfaaid spiegelbeeld: 'Goeie morgen. 't Bestaan is weer begonnen. Ik wens je sterkte.'

Als ik de deur open doe staat op de gang David. Ik waande hem nog in dromenland, maar hij is al aangekleed.

'Ben je nou al op?' zeg ik.

Hij knikt ernstig. Dan vraagt hij: 'Opa, tegen wie praatte jij in de badkamer?'

'O, tegen niemand.'

'Waarom praatte jij dan als er niemand is?'

Een goeie vraag. Maar ik heb nu eenmaal de zwakzinnige gewoonte hardop in mezelf te converseren. Mijn vrouw en ik zijn er aan gewend. Maar hij niet. Daarom kijkt hij een beetje zorgelijk naar me op.

'Och, dat doet opa wel meer,' zeg ik luchtig. 'Zou je nog niet een beetje gaan spelen in het kamertje? 't Is nog heel vroeg.'

Hij knikt en ik keer terug in bed, ga rechtop zitten en steek mijn eerste sigaret op, een handeling die elke ochtend weer gepaard gaat met rauw gehoest.

De deur gaat open en daar staat hij weer.

Als ik mijn blafserie heb voltooid – hij heeft zorgelijk toegekeken – vraagt hij: 'Opa, waarom moet jij zo kuggelen?'

'Dat is altijd, als ik de eerste sigaret opsteek,' antwoord ik.

'Waarom steek je dan een sigaret op?' vraagt hij.

'Och – gewoonte,' zeg ik.

Geen sterk antwoord.

Hij wijst op een roze pilletje, dat op een tafeltje naast mijn bed ligt en vraagt: 'Wat is dat?'

'Dat is een pilletje, voor als ik niet slapen kan,' zeg ik.

'En kon je niet slapen?'

'Ja, ik kon wel slapen.'

'Waarom ligt het er dan?'

'Voor de zekerheid,' zeg ik.

Meer dan ooit vind ik mijn levensstijl discutabel.

Hij drentelt door de kamer en blijft stilstaan voor een foto van mijn moeder.

'Waar is die gemaakt?' vraagt hij.

'In Den Haag. Daar woonde ze,' antwoord ik.

'Ze woont nou onder de grond,' zegt hij. 'Maar ze was ook heel oud. Ik ben nog niet oud. Ik ben...'

Hij steekt zijn handje op, met vijf gespreide vingers.

'En Klaartje is...'

Nu doet hij er een duim bij.

'Maar Simon is al oud. Die is...'

Hij wil me elf laten zien, maar dat lukt niet.

Op reclamerende toon vraagt hij: 'Waarom heb ik geen elf vingers?'

'Och, ze vonden tien welletjes,' zeg ik. Hij kijkt me aan.

'Hoe oud ben jij?' vraagt hij.

'Zeven en vijftig.'

'Als je honderd ben, dan kan je niet meer in de kamer. Dan stoot je je kop tegen de plafon,' zegt hij. En als je miljoen ben, dan kan je niet meer in de huis. Dan moet je altijd buiten staan, ook als het regent.'

Hij kijkt me meewarig aan.

'Moet je werken vandaag?' vraagt hij.

'Ja.'

'Wát moet je werken?'

'Voor de krant.'

'Doe je ze in de bussen?' vraagt hij.

'Nee, dat doen anderen,' zeg ik.

De baron

In het dorpscafé stonden aan de tap wat jongelui hun vakantie-
plannen uit te wisselen. De een zou naar Marokko gaan. Een
ander dacht het te vinden in Dubrovnik. Een derde wilde alleen
maar bruinen aan de Costa Brava. De wereld is klein geworden.

Toen ze weg waren zei een zeer oude man die zijn borreltje
zuinig stond te beheren: 'Reizen. 't Is mooi, maar ik hoef niet
meer. Ik heb alles al gezien vroeger. Zwitserland, Italië, Frankrijk, Spanje. Ik ben er allemaal geweest. Ja – niet dat ik zo goed
in de slappe was zat, hoor. Maar ik was particulier chauffeur-
huisknecht van meneer de baron, hier op het kasteel. Hij is
allang dood, meneer de baron, en mevrouw de barones ook.
En het kasteel – da's nou, hoe noem je dat, een recreatie voor
Amsterdams bankpersoneel geworden. Zo gaan die dingen.
Maar in mijn jonge jaren voerde de adel nog stáát. Meneer de
baron ook. En we reisden veel. Want meneer de baron kón
niks. Hij was alleen maar rijk en een baron. Om de verveling te
verdrijven, reisde dat grote volk telkens naar plaatsen waar ze
elkaar dan troffen, in bepaalde gedeelten van het seizoen, en in
bepaalde hotels, waar alleen de sjiek mocht wonen. En ik ging
altijd mee. Meneer de baron hield niet van lange autoreizen.
Hij nam met mevrouw de barones de trein, met zo'n slaapcou-
pé. Dat vond hij gerieflijker. En ik moest zorgen dat ik, als de
trein arriveerde in Lausanne of zo'n plaats, met zijn automobiel voor het station stond. Ik moest hem daar rijden. En in het
hotel, als huisknecht, tot zijn beschikking staan. Ik woonde
ook in dat hotel. Ja, niet in een suite, zoals zij. Maar in een klein
vertrekje. En ik at in de keuken. Maar ik kon eten en drinken
wat ik wou. En dat heb ik ook gedáán. Wat meneer de baron at,
dat at ik ook. Daar sloeg hij geen acht op. Dat doet adel niet.
Dat was beneden zijn waardigheid.'

Hij glimlachte op een moeilijk te beschrijven manier. Niet
eens bitter. 'Vierendertig jaar heb ik in zijn dienst gestaan,'
vervolgde hij. 'Maar éígen werd je nooit, met zo iemand. In zijn
ogen was je geen mens. Je was een knecht. Maar één keer heb ik

55

op het punt gestaan mijn ontslag te nemen. M'n broer ging trouwen, weet u. Nou had ik één vrije dag in de maand. En ik wou 'm nemen op de trouwdag. Mevrouw de barones vond het goed toen ik het haar vroeg. Maar op die ochtend – ik wou net weggaan – gaat 't belletje. Meneer de baron zat in de biblio-theek. Daar stonden heel wat boeken. Ja, hij las nooit hoor, maar hij dronk daar vaak zijn brandy. Hij zegt "Voorrijden." En ik zeg: "Met permissie, meneer de baron, maar ik neem vandaag mijn vrije dag, want m'n broer gaat trouwen." En ik weet nog hoe hij dat uitdrukte, he. Hij zei: "Ik ben bang dat je familieleven me geen belangstelling inboezemt. Vóórrijden." Nou ja, wat moest ik doen?'

Het gebaar zijner handen onderstreepte zijn onmacht.

'Mevrouw de barones was anders,' zei hij. 'Zachter van natuur. Maar ze had niks in te brengen. En ze miste iets. Vrouwen hebben mannen dóór. Maar zij niet. Dat miste ze. Meneer de baron was een liefhebber van de dames. Hij had een vaste matrès zitten in Arnhem. Een mooi vrouwtje. Daar reed ik hem drie keer per week naar toe, 's middags. Dan bleef hij zich daar een paar uur vermeien. Ik las in de automobiel zo-lang een mooi leesboek, want ik ben een liefhebber van lezen.'

Hij schudde zijn oude hoofd, dat breekbaar was als glas.

'Gek, maar mevrouw de barones heeft dat nooit in het snotje gehad,' zei hij. 'Een keer gingen we op reis. Twee weken naar Parijs. En dan nog drie weken naar Nice. Ik ging met de auto vooruit. En meneer de baron en mevrouw de barones kwamen met de trein. In diezelfde trein zat zijn matrès. Want daar kon meneer de baron zo lang niet buiten. Ze logeerde in Parijs ook in het zelfde hotel. 't Grand Hotel, bij de Opera. Dan kon meneer de baron zich zo nu en dan eens 's middags met haar afzonderen. Na Parijs gingen we naar Nice. Dat vrouwtje reisde in diezelfde trein wéér mee. En woonde, net als wij, in Negresco. De tweede dag moest ik een Engelse krant halen voor meneer de baron, want daar stond de beurs in. Ik kom ermee in de lounge. Daar zit hij, met mevrouw de barones. En terwijl ik hem die krant overhandig, passeert dat vrouwtje. Ik hoor mevrouw de barones zeggen: "Wat gek, diezelfde dame was ook in het Grand Hotel in Parijs." En meneer de baron slaat die krant open en zegt, zo korzelig: "Nou én? Da's zeker een rijk wijf dat veel reist."'

Op een vermoeide routinetoon zei de notaris: 'Nou, heel een-voudig. U begeeft u naar het sterfhuis en u gaat zoeken naar geld en naar waardepapieren. Wat u vindt brengt u bij mij. Een spaarbankboekje is er stellig. Dat hebben zulke onbemiddel-de, eenzame mannen altijd. Voor in geval van nood. Ze kun-nen nu eenmaal niet op iemand terugvallen, zoals wij.'

Hij verhief zich en ook de man stond op.

'Dus – daar ben ik toe bevoegd?' vroeg hij.

'Natuurlijk,' antwoordde de notaris. 'U is zijn neef. Zijn enige familielid. Zijn erfgenaam.'

Hij geeuwde en wreef over zijn ogen.

'Het spijt me dat ik u, na kantoortijd, moest lastigvallen, maar ik kon hier niet eerder zijn, in verband met mijn werk,' zei de man.

'O, dat geeft niets.'

Even later liep hij door het dorp, dat zich reeds in het duister begon te hullen. Hij kwam bij het sterfhuis en belde aan. Maar er gebeurde niets.

'Doden doen niet open,' dacht hij. ''t Zou een aardige titel zijn voor Agatha Christie.'

Hij stak de weg over en klopte op de deur van een boerderij. Na enige tijd verscheen een oude, in het zwart geklede vrouw.

'Hebt u een sleutel van mijn ooms huis?' vroeg hij.

'Ik ga wel even met u mee,' zei ze.

Even later traden ze de woonkamer van het onwerkelijk stille huis binnen. Op tafel lag een opengevouwen krant en daarnaast een bril.

'De notaris heeft gezegd, dat ik naar waardepapieren moest gaan zoeken,' sprak de man. De vrouw stond op, opende een mahoniehouten linnenkast en zei, niet zonder wijding: 'Dit is zijn geldkist.'

Ze zette 'm op tafel.

'Daar zal 't wel inzitten,' vervolgde ze. 'Hoewel je 't nooit weet, bij zo'n oude man alleen. Hij was erg wantrouwig en zwijgzaam, ziet u. En hij had de gewoonte urenlang voor het

huis te staan, daar vlak naast die regenpijp. Mijn man is
's nachts wel eens gaan graven op die plaats. Omdat hij daar
altijd zo stond, ziet u. Maar er zat niks in de grond.'
'Is er een sleutel van die kist?' vroeg de man.
'Die zal wel in z'n zak zitten,' antwoordde ze.
'En waar zijn de kleren, die hij het laatst droeg?'
'Die hangen in de sterfkamer, in een kast aan het hoofdeinde
van zijn bed.'
De man stond op.
'Dan moeten we daar maar eens kijken,' zei hij.
Maar de buurvrouw maakte een afwerend handgebaar.
'Ik ga daar voor geen goud naar binnen,' zei ze huiverend.
'Hij ziet er zó naar uit. En hij is nog niet gekist. Dat gebeurt
morgen.'
Met diepe tegenzin ging de man alleen de trap op, deed de
deur van de sterfkamer open en tastte naar het knopje van het
licht.
'De lamp is kapot,' riep de vrouw van beneden. 'Al jaren. Hij
ging altijd met een kaars naar bed.'
Ze kwam halverwege de trap op, met een kandelaar. De man
stak de kaars aan en ging naar binnen. Zijn blik vermeed het
bed, waarop het lijk lag uitgestrekt. Bij het flakkerend schijnsel
zag hij aan het hoofdeinde een open muurkast. Er hing een
blauw pak in. Terwijl zijn handen in de zakken gleden, dacht
hij: 'Wat doe ik hier eigenlijk? Ik heb twintig jaar niet naar die
man omgekeken. En alleen omdat hij nu dood is en ik zijn neef
ben, doorzoek ik zijn kleren als een zakkenroller. Barbaars.
Waarom ga ik niet naar huis en vergeet de hele boel? Ook
hebzucht is blijkbaar een oerkracht.'
Het jasje bevatte niets. Maar de broek lag op de vloer van de
kast. Hij zette de kaars op het nachtkastje en knielde neer. In de
ene zak zat een pijp maar in de andere vond hij eindelijk de
sleutelbos. Terwijl hij wilde oprijzen en zijn hand uitstak naar
de kandelaar zag hij even het door de kaarsvlam belichte hoofd
van de dode. Het was of de definitief toegesloten mond grijnsde – bitter en triomfantelijk.

De stad uit

I

In het dorp De Steeg wandelde ik 's ochtends weer eens naar de
IJssel, die daar een grillige, eigenzinnige bocht neemt.

Ik kom, als ik dat doe, altijd langs een huis waarin een oude
man woont.

Hij is al jaren gepensioneerd, maar hij verveelt zich aller-
minst want hij houdt duiven en kippen en als die hem niet
opeisen werkt hij in zijn moestuin.

Dat deed hij ook nu.

Het is gewoonte dat we elkaar eerst groeten en dan onze
denkbeelden over het weer even uitwisselen.

''t Is een beetje dampig,' zei hij.

'Ja, maar droog gelukkig,' antwoordde ik.

Hij leunde op zijn schop en zei: 'Met de weg schieten ze flink
op.'

Ik zag het.

De zandberg aan de overkant van de IJssel was nog hoger
dan twee maanden terug. Wegenbouwers noemen ze de mensen die zo'n gigantisch karwei verrichten. Maar slopers zijn 't
óók, want ze hebben het prachtig vergezicht, dat Couperus
heeft beschreven en dat Nescio, blij verrast en ook wat ont-
roerd, na de oorlog ongerept terugvond, geheel aan het oog
onttrokken en verwoest.

'Jammer he?' zei de oude man.

'Ja, 't was mooi,' zei ik.

'Ik ben hier geboren,' vervolgde hij. 'Maar weet je wat nou
zo gek is?'

Ik wist het niet.

'Kijk, je was er aan gewend, he, van kindsbeen af,' zei hij,
zijn woorden zorgvuldig kiezend. 'Toen ze nog niet aan die
weg dachten zat ik hier, op de zomeravond, met de vrouw op
die bank. En dan keken we uit over de rivier en over de
weidevelden aan de overkant. Kilometers ver kon je kijken bij
helder weer. D'r stond hier en daar een knotwilg. Wat boerde-

rijen in de verte. En nog wij'er weg de schoorstenen van de steenfabriek.'

Zijn blik kreeg iets dromerigs.

"t Was mooi, in alle seizoenen. Je zag ze aan 't hooien. Of ze melkten 't vee. Er liepen wel paarden. En als het water zwol dan stonden hele stukken weiland blank. Dat was ook mooi om te zien, weer op een andere manier. Maar...'

Hij stokte even.

Toen zei hij: 'Maar je wist niet dat 't een stuk verheugenis was in je leven. 't Was er altijd geweest, jaar in jaar uit. Je groeide er mee op. 't Sprak vanzelf. En nou pas weet je wat ze je hebben afgenomen. Nou 't er niet meer is. Dat hebben alle ouwere mensen hier op het dorp. Ze zijn er een beetje treurig over. Omdat ze iets kwijt zijn, uit hun bestaan. Iets moois, waar ze naar keken. Daar hebben ze nou de televisie voor in de plaats.'

Hij keek me trouwhartig aan en vroeg: 'Waarom zouden de mensen dat nou toch doen? Alles kapot maken wat mooi is. Zo'n weg zal wel noodzakelijk wezen voor de automobielen. Ik begrijp het. Maar 't hart is uit het dorp. Vroeger kwamen de mensen van heinde en verre om dat uitzicht te zien. Maar dat hoeft niet meer.'

Om hem op te beuren zei ik: 'Maar de bossen zijn er nog. Daar mogen ze niet aankomen.'

Hij wees naar de weg en sprak: 'Meneer – als ze dát daar durven, dan komen ze aan de bossen ook.'

En met een wat triestig lachje: 'Nee, ik ben maar blij dat ik 't grootste deel van m'n leven achter de rug heb.'

II

Kleine Douwe, een boerenzoontje van drie, kwam voor het eerst op bezoek bij zijn tante die in de stad een flatje bewoont. Hij liep rond, deed alle deuren open en riep toen verwonderd: 'Ik begrijp niet waar tante Tjits haar koeien heeft.'

Toen de regen ophield gingen we toch het bos maar in. Het was een beetje glibberig, maar het rook fris. Bij een driesprong vonden we een bank, waar we één sigaret lang bleven zitten, zonder de stilte met conversatie te bezeren. Daarna liepen we verder. Op de terugweg kwamen we, een dik uur later, weer op dezelfde plaats. Er bleek heel wat te zijn veranderd. De grond vóór de bank lag namelijk bezaaid met de schillen en de dozen, die je als dank voor het aangenaam verpozen nooit mag achterlaten. Maar onbekenden hadden dat tóch gedaan. We namen wéér op de bank plaats en ik zei: 'Hier heeft in dat verstreken uur een echtpaar met een onverantwoordelijk groot aantal kinderen gezeten. Kijk maar naar al die schoenafdrukjes in de aarde. Minstens vijf verschillende maatjes. En hier zie je de sandalen van moe en daar de stappers van pa. Maat 43. Vast een hele grote vent.'

'Er was ook een baby bij,' zei mijn vrouw. 'Want dáár ligt het dekseltje van een yoghurt doosje en als je onder de bank kijkt zie je een papieren luier met inhoud.'

'Klopt,' antwoordde ik. 'Tot het gezin behoren stellig een paar jongetjes die tegen de tien lopen. Naast die boom hebben ze geprobeerd een hut te bouwen. Dat doen alleen jongetjes. Stadsjongetjes wel te verstaan. Dorpskinderen komen zelden of nooit in zo'n bos dat ze altijd onder handbereik hebben. En hun ouders evenmin. Ze snappen niet wat wij er zoeken.'

'Die kinderen hebben slechte tanden,' stelde mijn vrouw vast.

'Bewijsvoering?'

'Nou, kijk maar wat hier op de grond ligt. Allemaal verpakkingsmateriaal van snoep. Ze hebben een exorbitante hoeveelheid gebitjes verwoestende zoetigheid verzwolgen in dat uur.'

Ik knikte.

'Ze bezitten een televisie,' zei ik.

'Waar volgt dat uit?'

' 't Zijn zonder uitzondering papiertjes van door de Ster aangeprezen lekkernijen. Daar ligt waar je direct weer nieuwe energie van krijgt en daar wat je eetlust niet bederft en in dat hel gele papiertje hebben de nootjes gezeten waar ze zo'n lekker laagje suiker en toen nog zo'n lekker laagje chocola omheen hebben gedaan, weet je wel? Kortom – het gezelschap begint contouren aan te nemen. Een onverantwoordelijk groot, door gewetenloze reclame gemanipuleerd stadsgezin. Maar niette-min – gelukkig.'

'Hoe weet je dát?' vroeg ze.

'Kijk maar naar het gele doosje op het paadje,' zei ik. 'Daar zat een filmrolletje in. Pa's maat 43 zie je er naast in het zand afgedrukt. Hij heeft dus foto's gemaakt. Een sterk bewijs dat hij schik had in het dagje uit met zijn gezin. Als hij dacht: "He, die rotvakantie en dat geblèr van al die koters, zat ik maar ergens rustig alleen met een pilsje" zou hij niet de geringste behoefte hebben gevoeld de tafereeltjes rond de bank te ver-eeuwigen. Nee, hij heeft genoten. En hij plakt de kiekjes vast in het album als een leuke herinnering aan een fijne dag. Een aardige man. En een goeierd.'

'Hoe zo?'

'De twee peuken met filters, die hier naast mijn schoen liggen zijn van ons – een uur geleden. Maar dáár ligt zijn peuk. Zwarte shag van de weduwe. Dat houdt in dat-ie een goeierd is die zijn gezin oeverloos laat snoepen maar zelf niet mee eet. Want zwarte shag is zeer viriel. Mannen die apehaar roken lusten geen zoetigheid maar wel kapucijners met spek en jonge klare, dat is een ervaringsfeit.'

Toen we verder liepen zagen we het troepje duidelijk voor ons geestesoog. Pa, moe en al die kinderen. Een gelukkig gezin, zij het met slechte tanden. Maar je kunt niet alles hebben.

IV

Even buiten het dorp liep ik langs de rivier. Het was mooi, wat dampig weer. Boven de weilanden aan de overkant van het water hing een lichte nevel en de bomen, ver aan de horizon, hadden een teer blauwe tint. Ik dacht: 'Zal ik een sigaret opsteken? De vorige is al een uur geleden. Laat ik het maar doen.'

Ik haalde het pakje uit mijn zak en liet het uit mijn handen vallen. Toen ik mij bukte, om het op te rapen, zag ik iets op de grond liggen, dat klein, wit en vierkant was. Ik raapte het op en draaide het om.

Een pasfoto van een meisje. Ze had, wat men in signalementen 'regelmatige gelaatstrekken' noemt. Maar ze was niet mooi, doch vervaarlijk. Zij miste dat vleugje weerloosheid. Haar mond was toegeknepen en haar grote ogen keken wel érg vastberaden. Een boerendochter, met handen aan haar lijf. En de rotsvaste zekerheid dat ze hem vinden zou – de wat slappe jongen, die nooit meer van haar af zou komen. Want haar vermogen te regeren, met vaste hand, stond op dat gezicht geschreven. Je kon nu al zien hoe ze er over dertig jaar uit zou zien. Wat ouder, maar verder nauwelijks veranderd.

Ik haalde de portefeuille, waarin ik papiertjes met aantekeningen bewaar, te voorschijn en schoof de foto in het voor postzegels bestemde vakje. Zij keek, of zij deze handeling onder protest onderging. Ik stak de sigaret aan en deed de portefeuille weer in mijn zak. Het bewaren van gevonden voorwerpen die me niet aangaan, is nu eenmaal een afwijking van me. Maar wie geheel normaal is, werpe de eerste steen. Ik buk wel.

Verder wandelend dacht ik: 'Is het goed deze foto bij mij te dragen?'

Gesteld – ik word morgen vermoord.

Dat is toch mógelijk?

U hebt laatst in de krant kunnen lezen, dat een jongeman werd omgebracht door een gehuurde moordenaar, die zijn honorarium kreeg van de vrouw van het slachtoffer. Zij had deze som moeizaam opgespaard. Dit detail deed voor mij de stelling 'spaarzaamheid is een deugd' wankelen. Het is best mogelijk dat iemand in Nederland al jaren zit te sparen om mij door een vakman uit de weg te laten ruimen, omdat hij geen andere manier weet om een eind te maken aan mijn geschrijf, dat hem de strot uithangt. Welaan – gisteren had hij de tienduizend gulden bij elkaar en morgen wordt mijn lijk hier, waar ik nu wandel, gevonden.

Wat gebeurt er dan?

De Nederlandse Maigret komt er aan te pas.

Hij leest eerst de rapporten van de deskundigen. Sporen van een vechtpartij. In mijn tot vuist gebalde rechterhand bevindt zich een knoop. Maaginhoud: een gekookt ei, toost, sinaasappelsap. En dan krijgt hij alles wat ik op zak had. Ook de portefeuille met aantekeningen. Daar kan hij vast geen chocola van maken. Er staat bijvoorbeeld: 'Pan, duiven, Americain'. Voor mij is dat genoeg. Voor hem niet. Nu stuit hij op de foto van het meisje. Mijn vrouw kent haar niet. Hij laat haar opsporen. Dat lukt. Hij vraagt haar of ze me kent. Ze antwoordt: 'Nee.'

'Dit is toch uw foto? Hoe komt die dan in de portefeuille van de vermoorde?' zegt hij.

Dat slaat zelfs háár uit het veld. Ze begint te stotteren. Intussen doen rechercheurs huiszoeking bij haar verloofde – een dunne jongen met een slappe kin – die op de dag van de moord, in de buurt van de plaats van het misdrijf is gezien, omdat hij 'gewoon een ommetje maakte.' Hij bezit een tweedjasje van ƒ 78,50, waarvan er, naar ruwe schatting, 200.000 in omloop zijn. Aan zijn jasje ontbreekt net zo'n knoop, als in mijn dode vuist werd aangetroffen. Dan hángt hij. Hij krijgt geen zestien, doch twintig jaar, want ik ben een Vip en dan doen ze er altijd vier jaar bij.

Ik haalde mijn portefeuille uit mijn zak en wierp de foto in het gras. Laat een andere vent haar maar vinden en bij zich steken. Dat scheelt die jongen vier jaar.

V

Het was zondagmorgen en ik zat in het gras aan de rivier.

Vlak bij me speelde een klein jongetje iets onduidelijks, dat nog het meest leek op hinken. Na een poosje kwam hij naast me zitten en zei teder: 'Daar is Tanja.'

'Wie is Tanja?' vroeg ik.

'Me hondje.'

Maar ik zag geen hondje.

'Wáár dan?' zei ik.

'Daar.'

En hij wees naar de kajuit van een enorme rijnaak, die vlak

voor ons gemeerd lag en, blijkens een opschrift, uit Leeuwarden kwam. Er bevond zich inderdaad een klein, bruin, springerig hondje in.

'Tanja is al negen,' zei hij. 'Ik ben pas vijf.'

Het hondje leek me te levendig om al oud te zijn. Ik zei: 'Tanja is zeker negen máánden.'

Hij knikte.

'En jij bent vijf jaar. Dan ben jij ouder.'

'Ja,' riep hij, op een toon of hem een enorm licht opging. En weer zo teder: 'Tanja is een meisje. We hebben nóg een hondje. In Leeuwarden. Die heet Pukkie. Dat is een jongetje. Misschien gaan ze wel samen trouwen.'

'Dat zou best eens kunnen,' zei ik.

'Ze moeten eerst verloven. En dán trouwen,' sprak hij sereen. En na een korte stilte: 'Woon jij hier?'

'Nee, in Amsterdam.'

'Ben je met de auto?'

'Ik heb geen auto,' zei ik.

'Ben je dan helemaal looppus?' vroeg hij, niet zonder ontzag. 'Wor je dan niet moe?'

'We zijn met de trein gekomen,' zei ik.

'Da's duur,' sprak hij met grote stelligheid.

'Woon je op het schip met je pappa en je mamma?' vroeg ik.

'En met me oma,' antwoordde hij. 'Ik heet Wortman en m'n pappa heet Wortman en m'n mamma heet Wortman en m'n oma heet Wortman en Tanja heet ook Wortman.'

'Waar varen jullie heen?' vroeg ik.

'Die kant uit,' zei hij, met een vaag gebaar. 'Maar vandaag varen we niet. Vandaag is het zondag. Op zondag varen we niet. Het is de dag van de Heer. Werken op zondag is mooi.'

En na een korte aarzeling: 'Dat zegt mijn mamma.'

'O, je bedoelt dat televisieprogramma over die dominee,' zei ik.

Hij knikte.

'Hebben jullie televisie aan boord?'

'Ja,' zei hij. 'We hebben televisie. Maar we hebben geen plee.'

'Hoe doen jullie dat dan?'

'Gewoon, in een emmertje.'

En plotseling geïnspireerd: 'Ik moet effe. Maar ik kom zo terug, hoor.'

Hij ijlde over de loopplank en even later ving zijn moeder in het emmertje zijn nietige plas, die ze vervolgens over boord wierp. Ik vond het omslachtig. Toen hij weer bij me terug was vroeg ik: 'Wat zit er nou in dat schip?'

'Eten. En kleertjes. En me oma...' zei hij.

'Nee, ik bedoel – onder die luiken,' zei ik. Hij dacht diep na. 'Kunstmest,' antwoordde hij toen, op de toon van iemand die vér boven zijn macht tilt.

'Ik ga weer naar Tanja,' riep hij. En hij voegde de daad bij het woord. Ik stond op. In de kajuit nu naast het zéér enthousiaste hondje gezeten, wuifde hij nog even naar me. Ik wandelde verder. Een goed gesprek is nooit weg, vindt u ook niet?

Om zeven uur was het gesprek, dat ik met een beroepsgevoelige in een provinciestad voeren moest, ten einde. Sherry schonk hij wel, maar hij maakte geen aanstalten mij ook nog te voederen. Op weg naar het station meldde mijn maag honger. Ik ging een restaurant binnen, dat er van buiten redelijk uitzag. Bij het betreden van de eetzaal, passeerde ik een tafeltje, waaraan een feestelijk gekleed paar zat. De kelner opende net een fles champagne – de twééde, zag ik – en de kurk vloog de lucht in en raakte me boven het rechteroog. De man, die ik op veertig schatte, doch een zekere jongensachtigheid behouden had, kwam overeind en zei met een welbespraaktheid, waaraan die eerste fles niet vreemd was: 'Sorry. Mijn vrouw en ik zijn vandaag elf jaar getrouwd. Geen aantal om te vieren, dat geef ik grif toe. Toch doen we het. Maar het was natuurlijk niet de bedoeling dat ons feestje u een oog zou kosten. Ofschoon – u hebt er dan altijd nog één over en daarmee kunt u nog een hoop zien, nietwaar? Misschien wel meer dan u lief is.'

Hij pakte een glas, schonk het vol en gaf het me.

'Proficiat,' zei ik. 'Ik zou met genoegen een oog aan uw geluk hebben bijgedragen, maar ik voel me toch opgelucht, dat het niet hoefde.'

De vrouw hief ook haar glas. Ze was wat ouder dan hij en erg mooi. Rossig haar had ze, maar ze droeg een zwarte en geen groene jurk, waarschijnlijk omdat ze het opgelegd succes dezer kleurencombinatie te goedkoop vond. Ze was een erg ongoedkope vrouw met grote, donkerblauwe ogen, die zeer opmerkzaam waren. Ik zette het leeggedronken glas op tafel en zei: 'Prettige avond, verder.'

Ze knikte welwillend. Ik had het gevoel bij haar voor een klein examen te zijn geslaagd. Prettig. Zakken zou vervelend zijn geweest. Nu ja, u hebt haar niet gezien en ik ben geen Renoir. Ik schrijf maar.

Een eindje verder ging ik aan een tafeltje bij het raam zitten. Veel volk was er niet. Een oud, uitgepraat echtpaar in de verte. Een grijze dame, alleen. Twee kennelijke handelsreizigers. Ik bestelde een biefstuk en nam een boek. Alléén eten heeft iets armoedigs.

'Ben je gelukkig?' vroeg de man.

De champagne maakte zijn stem wat luid.

'Ja, ik ben gelukkig,' zei ze, eenvoudig. Ik kon horen dat het waar was.

Hij nam weer een slok en begon zeer rad te spreken: 'Ik denk wel eens, die middag, he, toen ik je in de trein naar Rotterdam voor het eerst ontmoette... Stel je nu toch eens voor dat ik niet in de trein gezeten had. Dat ik 'm had gemist. Vréselijk.'

'Je hébt 'm toch niet gemist,' zei ze. Met vertedering keek ze naar hem. Ze dronk erg voorzichtig.

'Maar 't had toch gekúnd,' riep hij. 'Als ik er aan denk breekt het koude zweet me uit. Dan had ik je nooit ontmoet. Dan zaten we hier niet samen.'

'We zitten wél hier samen,' zei ze. Haar stem was warm, zonder een spoor van ironie.

'Ach, het hele leven is een soort bouwwerkje van feiten,' zei hij, alleen zijn eigen glas weer vullend, want het hare was nog bijna vol. 'Ik miste die trein niet. Jij kwam net uit Londen, waar je vier jaar had geleefd met Jack. Ik heb hem niet gekend, maar hij leerde je de liefde. Als hij dat niet gedaan had, zou je nooit al dat geduld met mij hebben opgebracht. Dan waren we al uit elkaar.'

'Ja, dat geloof ik ook,' zei ze.

'Ik heb een theorie,' riep hij geestdriftig. 'Een man staat vaak ernstig in het krijt bij de minnaar die zijn vrouw had, voor ze hem leerde kennen. Dat is zo. Ik sta in het krijt bij Jack. Zonder hem had ik jou niet. Laten we drinken op Jack.'

Ze hieven de glazen.

'Waarom lach je?' vroeg hij, even later.

'Ik heb gedronken op Jack,' zei ze. 'Maar jij niet. Jij hebt geen slok genomen. Je zette het glas weer neer zonder te drinken. Heb je dat niet gemerkt?'

Man

Met mijn kleindochter Klaartje van zes en haar neef David van vijf liep ik door de stad, op weg naar mijn huis, want ze zouden bij ons eten.

IJsbrand van twee had ook mee uit wandelen gewild, maar dat weigerde ik, vriendelijk doch vastberaden.

Want ik kan hem niet de baas.

Als hij zich los rukt en de benen neemt is zijn tempo zó hoog dat ik hem onmogelijk kan inhalen. Daarenboven heeft hij verrassende levensgewoonten, die ik moeilijk kan wisselen.

Toen ik laatst bij hem thuis zat speelde hij zeer intens met autootjes. Plotseling liet hij zijn broek zakken, ging op zijn hurken zitten, draaide een fikse bolus op de vloer, haalde zijn broek weer op en liep bedrijvig naar de speelgoedkast. Hij keerde terug met een paar bij de spoortrein behorende hekjes, zette die om zijn prestatie heen en plaatste er een politieauto naast. Toen zijn moeder, ondanks deze solide beveiliging, aan de opruimingswerkzaamheden wilde beginnen riep hij: 'Hé. Dat is van mij!'

Met David en zijn nichtje kunnen dit soort dingen mij niet overkomen. Ze gaan zeer harmonisch met elkaar om, want ze hebben trouwplannen. Dat hij een jaar jonger is dan de bruid, zit David een beetje dwars. Maar hij compenseert het door het biologische feit dat hij een man is die dáárdoor alles beter kan dan een vrouw, zwaar te laten wegen.

Als Klaartje, tijdens onze wandeling, plotseling uitroept: 'Hoorde je, opa – ik liet een boertje!' zegt hij, op een wat geblaseerde toon: 'Ik laat zo váák boeren. Ik laat ook schéten.'

'Zo.'

Er nadert een klein meisje, aan de hand van haar moeder. Ze glimlacht en roept, als ze vlak bij is: 'Dag David.'

'Dag Miriam,' zegt hij.

'Ik ben Miriam niet. Ik ben Gaja,' zegt het kind en loopt een beetje gepikeerd verder.

'Een meisje van je school?' vraag ik.

Hij knikt.

Dan zegt hij: 'Ik ken zóveel meisjes... Daarom zeg ik altijd de verkeerde namen.'

Uit een huis komt een in overal geklede man die een zwarte hond, in zijn armen, naar een vrachtauto draagt.

Vertederd vraagt Klaartje aan hem: 'Waar gaat dat hondje heen, meneer?'

'Die? Die gaat vanavond de soep in,' antwoordt de man. En verdwijnt in de auto.

'Ach....,' roept Klaartje, zeer geschokt.

Maar David vraagt: 'Waarom gaat die hond de soep in?'

'Dat hoeft-ie niet, hoor,' zeg ik.

'En die meneer zei het.'

'Ja, maar hij maakte maar een grapje.'

'Waarom maakte die meneer een grapje?'

'Zo maar,' zeg ik. 'Hij wou eens leuk wezen, denk ik.'

'Ik vind het helemaal niet leuk,' zegt David. En daar zit wel wat in.

We naderen mijn huis.

Klaartje begint plotseling aan een soort dansnummer waarvan ik de betekenis ken.

'Móet je?' vraag ik.

'Ja – een plas,' roept ze.

'Loop dan maar hard naar huis,' zeg ik. 'Oma doet wel open.'

Ze rent weg, dwars door het plantsoen.

David kijkt haar na en zegt: ''n Piemel is 't makkelijkste.'

En als bewijsvoering haalt hij 'm te voorschijn en schenkt zijn plas aan een nabije boom. Weer een beetje meewarig zegt hij: 'Dat kan zij niet.'

Een paar dagen leven

Lopend op de Weteringschans in de middag, zag ik een jongen van 'n jaar of achttien naderen, wiens uitmonstering je opzienbarend noemen zou, als er in Amsterdam nog opzien te baren viel. Hij droeg een helrode broek en een zilverachtig bloesje met een puntdecolleté. Om zijn nek had hij een halsband van gekleurde kraaltjes, met een daaraan bevestigd aanhangsel, dat neerhing tot op zijn schouder, net als zijn springerig haar. Toen hij vlak bij was, bleef hij voor mij staan, lachte tot aan de beide oren – want zijn mond was erg groot – en gaf me de hand.

'Waar kennen we elkaar ook weer van?' vroeg ik, onzeker, want mijn geheugen slijt hevig, al is het van vooroorlogse kwaliteit.

'We kennen mekaar helemáál niet,' zegt hij. 'Maar ik zie u wel eens op de televisie. Ik vind die verhaaltjes mooi, weet je wel?'

Hij liet mijn hand los. Ik voelde mij onderscheiden. Als een jongen van achttien met instemming naar je stukjes luistert, ben je wat minder overleden.

'Als alle mensen alleen maar mooie dingen deden, zou de wereld best mooi wezen,' stelde hij. Onder het praten wiebelde zijn hoofd een beetje als een bloem op een te dunne steel.

'Dat is waar,' zei ik. Het klonk flets.

'Ik woon nu al zes maanden in een commune,' vervolgde hij. 'Jofel hoor. Ik ga nou effe naar de kabouterwinkel, om wat onbespoten spul te halen. Groenten en fruit. Ik eet al zes maanden macrobiotisch.'

'En – bevalt het?' vroeg ik maar eens.

Ik sprak wel Nederlands, maar het klonk nu als een andere taal.

'Vroeger at ik gewoon,' zei hij. 'Ondoordacht. Al die vergiftigde boel, weet je wel. En toen spóót ik ook. Ik spoot speed. Nou niet meer. Ik ben er, in de commune, helemaal van afgeraakt. We helpen mekaar, weet je wel. We hebben pas een mooi pand gekraakt. We wonen boven, op de derde etage met z'n twintigen. En op de tweede maken we een opvangcentrum voor jongens die een bad trip hebben. En dan gaan we er nog een onbespoten restaurant beginnen. En expositiezalen, voor jonge kunstenaars, weet je wel?'

'Dat moet dan wel een enorm pand wezen,' zei ik. 'Waar is het?'

Hij noemde een adres in de binnenstad.

'O, daar ben ik vaak geweest,' zei ik.

Er was een reclamebureau in, dat twee jaar geleden verhuisde naar een splinternieuw gebouw in de overzeese gebiedsdelen van Amsterdam, diep in het kille Westen.

'Zeg, wat doen jullie nou met dat grote vertrek, links op de eerste etage?' vroeg ik.

Want daar bewaar ik smartelijke herinneringen aan. In de dagen toen mijn kinderen nog niet op eigen benen liepen en mijn eigen levenswandel nogal onbesuisd was, schreef ik, om den brode en om den wijne, wel reclameteksten. Onder meer een campagne voor de KLM. In dat vertrek zat ik telkens weer met een man, die over deze campagne ging. En hij veranderde de zin 'Hoog in de lucht drinkt u een kopje koffie' in 'In de lucht drinkt u een lékker kopje koffie,' omdat hij 'hoog' te angstaanjagend vond en 'lekker' nodig achtte, om te voorkomen dat de lezer zou denken dat het gootwater was. Een voorzichtige geest.

'Daar is nou de mediteerkamer,' antwoordde de jongen.

Het leek me een vooruitgang. Naar de sigaret in mijn hand kijkend zei hij: 'Roken dóe ik niet meer. We hebben het afgesproken met z'n zessen. Dan kan er natuurlijk niet één wel gaan roken. Die valt uit de rij, weet je wel.'

'Ja, ik rook nog steeds,' zei ik beschaamd, 'maar ik doe het minder aan. Ik heb wel eens geprobeerd helemáál te stoppen. Maar toen begon ik te lijden aan slapeloosheid. En als je 's nachts wakker ligt worden je zorgen tienmaal zo groot.'

Hij keek me aan, weer met die brede lach.

'Wij hebben geen zorgen,' zei hij. 'Weet je wel?'

II

Een opa vertelt me: Aan mijn kleinzoon Frankje van vijf,
wordt gevraagd of hij wel weet wat Pasen is.
Hij antwoordt: 'Ja, dat is iets met Jezus. Die komt 's nachts
in de tuin en legt daar eieren.'

III

Toen ik 's ochtends uit het bad stapte, kwam ik om onver-
klaarbare redenen te vallen. Mijn vrouw riep uit de huiskamer
op een wat vermoeide toon: 'Wat doe je nóú weer?'
'Ik val,' antwoordde ik. 'En mijn knie bloedt. Waar zijn de
pleisters?'
'Ik zal ze even opzoeken,' zei ze.
Op dat moment ging de telefoon. Zij nam de hoorn op en
sprak: 'Nee, hij is niet thuis.'
Een gepermitteerde leugen want ik kon moeilijk bloot, nat
en bloedend aan het apparaat komen.
'Nee mevrouw...,' hoorde ik.
En daarna een enorm lange tijd niks. Ze zat alleen maar te
luisteren – blijkbaar naar iemand die héél wat te vertellen had.
Ik liep de kamer binnen en zei: 'Wat is dat nou?'
Ze legde haar hand even op het tuitje en fluisterde: 'Een
mevrouw. Ze wil een boek over haar leven schrijven.'
'Nou, laat ze dat verdomme dan gaan dóén,' riep ik.
'Ze heeft er geen tijd voor,' fluisterde ze. 'Daarom moet jij
het doen.'
'Zeg maar tegen haar dat je me nu onmiddellijk met pleisters
moet beplakken omdat ik anders leeg bloed en dan voor haar
als ghostwriter verloren ben.'
Een paar uur later stond ik in een eivolle tram die zich een
weg baande door Amsterdam op koninginnedag. Ik had me
inmiddels aangekleed – dit voor lezers die geen detail willen
missen. De knie schrijnde nog een beetje. Omdat mijn halte
naderde schuifelde ik alvast tussen de opeengepakte mensen
door in de richting van de uitgang. Ik moest ook langs een
meisje van 'n jaar of twintig dat heel lang, tot de heupen

neerhangend, sluik geel haar had en in dat haar raakte een knoop van mijn regenjas verstrengeld.

Ik kon niet verder. Ik zat aan haar vast.

Ze stond met haar rug naar me toe. Toen ik beproefde de knoop te bevrijden zei ze: 'Blijf van me af.'

'Dat zou ik wel doen als niet de knoop van mijn regenjas vast zat in uw haar,' antwoordde ik.

'Dat kan ik toch niet helpen,' riep ze.

'Beweer ik dat soms?' vroeg ik.

En ik rukte krachtig.

'Au, dat doet pijn,' zei ze.

'Het spijt me,' zei ik. 'Maar 't is nodig, anders moeten we voortaan samen door het leven.'

'God zal me beware,' zei ze.

Geen echt lief meisje, maar dat was de aandachtige lezer reeds opgevallen.

Ik had mij inmiddels bevrijd. Een lome dikke man, die naast me stond, sprak: 'Maken jullie nou toch geen bonje. 't Is koninginnedag.'

'Dat zal me een rotzorg wezen,' zei ze.

En ze wrong zich door de menigte heen om ver van mij verwijderd te zijn.

De tram stopte en de man en ik stapten tegelijk uit.

'Weet je wat 't is?' zei hij tegen me. 'De mensen in Amsterdam zijn tegenwoordig zo kribbig. Neem nou koninginnedag. Vroeger, he, als je op koninginnedag een knal hoorde, dan dacht je: ha, vuurwerk. En als je nou op koninginnedag een knal hoort denk je: dat zou het paleis op de Dam wel eens kunnen wezen.'

IV

Een jongetje van acht uit een goed christelijk gezin dat tot onze kennissenkring behoort, ging voor het eerst van zijn leven uit logeren.

Bij een tante in Friesland.

Ook een zeer gelovige vrouw.

Toen ze hem naar bed gebracht had kwam hij na een poosje

weer de trap af en zei: 'Ik kan niet slapen, tante.'

'Waarom niet?'

'Ik verveel me zo. Ik ben zo alleen.'

De tante antwoordde: 'Je weet toch wel dat je nóóit alleen bent. Jezus is altijd bij je. Ga dus maar rustig terug naar bed.'

Hij deed het.

Maar een kwartiertje later stond hij weer voor haar.

'Slaap je nou nog niet?' vroeg ze. 'Wat is er? Je weet toch wat ik je gezegd heb?'

'Ja tante,' antwoordde hij, 'maar Onze Lieve Heer en ik vervelen ons nou allebei zo.'

v

Van de schrijver Gerard Kornelis van het Reve, ontving ik een, voor de krant waarin ik dagelijks schrijf, bestemde brief. Ik publiceerde de brief. Bij het samenstellen van deze bundel, vroeg ik hem: 'Doe je er nog iets mee?' Hij antwoordde: 'Nee.' Daarom zet ik 'm in deze bundel, omdat ik het jammer zou vinden, als de zeer schone brief op het krantenkerkhof levend begraven zou worden. Hier is de tekst.

'Waarde Kunstbroeder! Nog steeds doortrek ik de Aarde, op zoek naar de Fontein van het Water des Levens, in welker midden de Steen der Wijzen ligt, oud, bemost en verweerd. Veel steden heb ik gezien en ook veel Leed op zee ondervonden. Ik kom meer en meer tot de slotsom, dat in vreemde landen sommige dingen wel anders zijn, maar het meeste is toch precies hetzelfde. Neem nu bijvoorbeeld Frankrijk, waar ik verbleef. Ik noem maar een voorbeeld. De Franse vlag is precies hetzelfde als bij ons, alleen doen ze hem verkeerd aan de stok, rechtop staand, bedoel ik, en beginnen ze aan de andere kant, met de verkeerde kleur dus, blauw in plaats van rood. En ze eten alles apart, achter elkaar, dus eerst de sla, dan de gekookte groente, dan de aardappelen, daarna de blinde vink enzovoorts: door elkaar prakken is er niet bij. Er is veel bijenteelt, die ze "apiekultuur" noemen, hoewel je toch met het blote oog al kunt zien, dat zo'n nijver diertje "honingbij" heet.

Maar ook hier geldt: 's lands wijs, 's lands eer. Je hebt er, net als bij ons, allerlei dieren die uitstekend zijn, maar ook andere, die helemaal geen nut hebben. Ik noem maar wat. Een geit van de kudde van onze buren gaf alsmaar geen druppel melk, en ook was zij 's middags altijd opeens weg, die geit, over de heuveltoppen verdwenen, uren lang. Ze was bijna iedereen te vlug af, maar op het laatst wist een jongetje het beest te volgen, en wat bleek? Die geit ging in een hol in een bergwand, waar een grote, oude slang woonde, met een baard, en die slang zoog de uier van die geit telkens tot bloedens toe leeg! In het dal dichtbij ons, daar woonde een machinist, die met pensioen ging en zijn eigen huis wilde bouwen. Hij droeg een balk aan, op zijn schouder, maar op die balk zat een pad, en die pad spuwde hem in zijn oor! Dood was hij, meteen, die machinist, op slag! Toch kun je het zo'n dier niet kwalijk nemen: het is zijn instinct. Ik houd veel van dieren, net als jij trouwens. Daarom zit ik nu eigenlijk ook met een probleem. Zoals je misschien al gehoord hebt, gaan we weg uit Friesland. Het huis daar is heerlijk voor weekeinden en vakanties, maar voor bewoning gedurende het gehele jaar wordt het ons langzamerhand te afgelegen en te geïsoleerd. Aldus is Huize "Het Gras" nu te koop. We zoeken goede tehuizen voor Knorretje, Panda en Kinkie, omdat op ons Franse landgoed, iedere kat spoedig ten prooi valt aan de vos of de Arend. De dieren laten doden, dat kunnen wij niet over ons hart verkrijgen. Panda kan al een klein beetje lezen. Mijn getal blijft, als tevoren, 666, maar mijn adres in Nederland is nu reeds Boslaan 34, Veenendaal, alwaar ik iedere bonafide persoon te woord zal staan, die Panda, of Kinkie, of Knorretje, of alledrie, liefderijk wil opnemen. Ze zijn zindelijk, binnen of buiten, naar keuze.

Ik lees op het ogenblik veel oude geschiedenis. De Romeinse keizer Nero vroeg een echtpaar dat hij haatte te dineren en liet hen ombrengen door hen in zijn eetkamer onder bloemen te bedelven. Dat was nog eens een corso! Ik houd veel van bloemen, net als jij trouwens, maar zelfs van het beste en mooiste kun je wel eens te veel krijgen, waar of niet? Er zijn dieren die bloemen opeten, hoewel het niet mag. Toch kun je het zo'n dier niet kwalijk nemen, omdat het niet zoals wij met rede begaafd is. Ik eet de laatste tijd weinig bloemen. Ik doe mijn best, daar ligt het niet aan, maar ik kan ze eenvoudigweg niet door mijn keel krijgen, met al die draden: het zijn net peulen. Elk vogeltje zingt, zoals het gebekt is. Hier zingt de gehele nacht een nachtegaal, tot de ochtendkoffie van half elf. Dan steekt onze zoetgevooisde zanger het kopje weer in de veren. Een kat zou die nachtegaal opeten, als hij de kans kreeg. Toch kun je het zo'n dier niet kwalijk nemen, want muziek, dat moet je van kindsbeen af zijn bijgebracht. Ik speel nog steeds hobo d'amore dat het een aard heeft, maar reeds klinkt mijn lied krakerig en bevend: hoe snel nadert al de Eeuwige nacht! Zoon Gods, ontferm U! We moeten eindelijk eens van de drank af. Ik omhels je schreiend, en ben je immer toegenegen Gerard Kornelis van het Reve.'

VI

Gehoord: Mijn zoon van zeven in een briefje aan een vriendinnetje in een andere stad: 'Onze meester vloekt erg, laatst heeft hij mijn vriendje een bloedneus geslagen, ook stompt hij de kinderen vaak, verder is 't een aardige meester.'

VII

Ochtendstond.
Mijn vrouw bereidt in de keuken het ontbijt en maakt de bij dat ritueel behorende geluiden. Ik zit rechtop in bed en doe, met mijn kleindochter Klaartje, die bij ons logeert, de bobbel.
Ik zie in dat dit enige explicatie eist.
't Is een vast ochtendspel.
Zij kruipt gehéél onder de dekens en gaat, aan mijn oog onttrokken op haar knieën liggen. Ik moet dan zeggen: 'Hé, wat is dit een rare bobbel in bed. Dat ben ik toch niet. Hoe komt die bobbel daar nou?'
Van onder de dekens souffleert ze: 'Nou moet je er op sláán.' En haastig: 'Niet zo hard, hoor.'
Dat doe ik dan – niet zo hard, hoor – en eindelijk komt ze kraaiend te voorschijn en roept: 'Nóg eens.'

Want Nietzsche wist al dat alle lust eeuwigheid wil en Klaartje wil dat ook. We doen de bobbel opnieuw tot ik zeg: 'Nee, nóu niet meer.'

'Wel,' roept ze. 'Opa's zijn voor, vooruit dan maar.'

'Vooruit dan maar,' zeg ik.

Want dat is inderdaad de essentie van het grootvaderschap. Na het ontbijt gaat ze voor het raam staan en kijkt in het plantsoentje voor de deur, naar de mensen die daar hun hondje uitlaten.

Dat kan ze héél lang doen.

Ze geeft er op een diep vertederde toon een soort ooggetuigeverslag van.

'Daar komt die zwarte weer aan. Hij loopt achter die kleine witte. Ze spelen pakkertje. Weet je wat ik zo leuk vind, opa? Als ze aan mekaars kontjes ruiken.'

'Ja, dat is erg vermakelijk,' zeg ik.

Haar liefde voor dieren kent geen grenzen en haar voornemen later oppasseres in Artis te worden staat zo vast als de apenrots. Ze heeft me wel eens gevraagd of ik niet kan bewerkstelligen dat ze nu reeds, op vrije middagen, in de tuin mag assisteren. Maar ik ken er alleen een man die over de roofdieren gaat en ik wil haar niet voor de leeuwen werpen, al ben ik er zeker van dat ze 't hele lieve diertjes vinden zal. Maar ik weet niet hoe de leeuwen háár vinden.

Des avonds mag ze tot negen uur naar de tv. kijken. Een aflevering van 'de kleine waarheid.' Willeke Alberti aan het strand, gewikkeld in een diep gravend gesprek met Coen Flink.

Mooi hoor.

Maar als Coen Flink ernstig zegt: 'Ik begrijp het,' zegt Klaartje: 'Ik begrijp het niét.'

En als die twee, in een ouderwetse auto, een kus uitwisselen meent ze: 'Tijdens het rijden doe je dat toch niet.'

Ze is al in nachtpon. Terwijl op de tv. Coen Flink dramatisch afscheid neemt van Willeke, steekt Klaartje een bloot been in de lucht en zegt, nauwelijks terzake: 'Ik heb vijf tenen. Had ik er maar zes.'

'Waarom dan?' vraag ik.

'Zes kun je verdelen. Vijf niet,' antwoordt ze.

En dan is het bedtijd.

Ze loopt langs de boekenkast, waarop ik een gekleurde kaart van de ijsbeer met haar jong heb geprikt, die ze me laatst uit Artis zond. Ze zegt, weer zo teder: 'D'r is écht zo'n klein beertje geboren. 't Is nu al groter. En 't slaapt allang.'

Stad der paarden

I

Dit schrijf ik u in Chantilly, veertig kilometer ten noorden van Parijs. Als je er met de trein binnenrijdt lees je op een bord: 'Chantilly, paardenstad. U bent welkom.' Hier wonen tienduizend mensen en drieduizend paarden. Renpaarden met grote reputaties zijn er bij. Hun eigenaars staan in het telefoonboek. Aga Khan (prins Karim), Baron Rothschild. En de stoffenmagnaat Boussac. Over de laatste wordt in de Tipperary Bar zorgelijk gesproken. Hij is in de tachtig en steekt in een kwaad vel omdat hij te hard heeft gewerkt en te weinig geslapen.

'En zijn produkt gaat achteruit,' zegt een krombenige man met een rijbroek aan. En hij bedoelt daarmee niet Boussacs stoffen maar zijn paarden. Die zien we 's ochtends als we, onder het viaduct door, in hun domein terecht gekomen zijn. Regen daalt neer op de eindeloze reeks stallen waaruit, als we naderen, een stoet ruiters de weg op komt. De voorste paarden beginnen hevig te steigeren en een man rent op ons af en roept, tegen mijn vrouw: 'Die paraplu! Doe die paraplu dicht. Ze schrikken van dat ding. Weet u dat paraplu's aan deze kant van de spoorlijn niet gebruikt mogen worden?'

Nee, we weten het niet.

Maar de inheemsen weten het wél en zij laten zich zonder morren nat regenen, omdat in Chantilly de paarden nu eenmaal vóórgaan.

Des ochtends is het nabij gelegen bos, waar ze komen galopperen, verboden terrein voor de auto, want het risico dat de ingeblikte paardekrachten een echt paard zouden kunnen aanrijden neemt men niet.

De heilige auto is hier een tweederangs ding.

Dat in het verkeer voorrang moet verlenen aan het heilig ros.

Ook aan de leesgewoonten in het stadje kun je zien dat hier alles draait om de paarden. De nieuwsbladen die het gestadig tobben van deze wereld bijhouden, zie je zelden in handen. De enige krant die gretig wordt gekocht en ernstig bestudeerd heet 'Paris Turf', dagblad voor de paardesport. Dat bevat geen wereldnieuws. De courses staan er in. En ook merkwaardige annonces die ik, als leek, pas kan doorgronden na te zijn voorgelicht door een vakman.

'Monte 1971' heet de rubriek.

In de onder dit opschrift bijeengebrachte advertenties staan met vette letters de namen van paarden.

François Saubalier, Verrières, Pompom Rouge en Montevideo II. Daaronder worden hun ouders vermeld en staan de namen van hun nakomelingen en de bedragen die deze 'produkten' hebben gewonnen.

De laatste zin in de advertentie voor de beroemde hengst Verrières luidt: 'Prijs per sprong: 5000 francs, te betalen op 1 oktober 1971, als de merrie zwanger is.'

Een beest met prijzig zaad.

Maar hij was in 1970 dan ook dertiende op de lijst der 'vaders van overwinnaars' en de paarden die hij verwekte wonnen – zo lees ik – in totaal zeven miljoen, zodat het een aardig gokje is eens een merrie naar hem toe te sturen.

'Als het bij de eerste sprong niet lukt heb je nog recht op twee sprongen voor hetzelfde geld,' zegt de oude vakman.

'En als ze dan nog niet zwanger is?' vraag ik.

'Dan kun je er wel mee stoppen want deugt je merrie niet,' antwoordt hij.

En hij wandelt verder met me door Chantilly en wijst me het riante huis waarin, toen hij nog jong was, een van zijn broodheren vijf maanden per jaar verbleef.

't Was de heer Parker van de vulpennen. Hij had mooie paarden staan in Chantilly en als de zomer naderde kwam hij met zijn vrouw, zijn twee chauffeurs en zijn honden uit Amerika over.

'Een curieuze heer van middelbare leeftijd,' vertelt hij. 'Nog al bang voor zijn jonge vrouw, die erg mooi was, dat moet ik toegeven. Met fooien vond ik hem zuinig. Maar hij stond er op dat ik elk jaar een nieuw rijpak liet aanmeten door een dure kleermaker in Parijs. Dat betaalde hij. Ik zag er piekfijn uit in die jaren. Ik heb veel met hem gereden. Onderweg praatte hij nooit met me. Niet dat ik hem te min was, hoor. Maar ik geloof dat hij aldoor nadacht over die vulpennen.'

II

In deze paardenstad kun je goed en billijk eten in het café d'Epsom, maar dan moet je wel enige eigenaardigheden van het huis op de koop toe nemen. Het restaurant is achter de bar. Ik ben er met mijn één meter tachtig een reus onder de dwergen, want hier eten elke dag de jonge mannen die in de grote stallen opgeleid worden voor jockey. Je kunt ze 's ochtends zeer schone renpaarden zien berijden en dat is een métier waarvoor je niet veel zwaarder dan vijftig kilo mag wegen. Café d'Epsom is derhalve een verzamelplaats van kleine, tot mijn borst reikende mannetjes met kromme benen die ze krijgen 'van het persen'. Want een jolig renpaard van twee jaar speelt met zo'n kereltje, dat al zijn beenspieren nodig heeft om er op te blijven.

'Die kleine mannetjes fokken we hier al jaren,' zegt de baas achter zijn tap tegen me. 'Ze trouwen opzettelijk met kleine meisjes en daar komen dan weer kleine mannetjes en kleine vrouwtjes uit voort. En da's nodig voor de paarden.'

Het klinkt simpel. Of het, getoetst aan de erfelijkheidsleer, houdbaar is weet ik niet, maar klein zijn de klanten die hij te eten en te drinken geeft, allemaal.

Een uitzondering vormt Lucien, mijn mede-reus in de bar. Hij is een oude man met een paars gezicht en hevig waterende ogen die hij bij het binnentreden met zijn zakdoek afveegt, zeggende: 'Ja, 't was een gure jacht.'

''t Is allemaal wijn wat er uit loopt,' antwoordt de baas spottend. En hij schenkt hem een groot glas vol. Lucien neemt een ferme slok en trekt vervolgens zijn jas, zijn colbert en zijn trui uit. Daaronder zit nóg een trui, die aan blijft. Hij loopt naar een kast, pakt een emmer, strooit zaagsel aan onze voeten en veegt vervolgens de vloer van de bar. Als dat gebeurd is ledigt hij zijn glas en krijgt er weer een. Betalen doet hij niet met geld, doch met kleine werkzaamheden – vegen, afstoffen, aardappels schillen. Daartussendoor neemt hij aan de bar deel aan het gesprek over de courses, de paarden en de jacht in het

immense 'wildrijke bos van Chantilly', waarmee hij iets uit-
staande schijnt te hebben. Nederlandse dierenbeschermers
zouden zich hier nog heviger ergeren dan thuis. Een afbeelding
boven het buffet toont een jager die een in het nauw gedreven
wild zwijn op de rug gesprongen is en het, met een lang mes, in
het hart steekt.

'Zo doen we het hier nog steeds,' zegt Lucien.

'Bravo,' roept een vinnig stemmetje. Het komt uit een rieten
kooi naast het buffet waarin twee merles d'Aden zitten, mooie,
zwarte vogels met oranje snavels. 't Is een echtpaar. De vrouw
doet er het zwijgen toe, maar het mannetje, dat Coco heet,
heeft een zeer gevarieerd programma geluiden en uitroepen,
die hij leerde van de kastelein en van de klanten.

Als we na zevenen allemaal zitten te eten wordt hij losgela-
ten. Hij vliegt dan door het restaurant – laag, maar net boven
de hoofden der kleine mannetjes. Ik moet bukken. Als hij landt
op je tafeltje eet hij een hapje mee – uit een schaal of van je bord.
Het spannende van zijn aanwezigheid is dat niet te becijferen
valt wanneer hij iets zal zeggen en evenmin wat.

Soms imiteert hij het schorre 'miauw' van de volgevreten kat
zeer natuurgetrouw. Als ik daarom lach doet hij me op een
honende manier na, want hilariteit staat ook op zijn repertoire, net als het rochelen van Lucien, die nu de ramen lapt voor
zijn zoveelste glas.

Aan het tafeltje naast het onze zit een Duitse jongen, die in
Chantilly het paardenvak leert. Hij heeft een wat knorrige
dronk vanavond en hij zegt tegen de baas in een metalig Frans:
'In dit rare land hier werken de mensen om te eten, niet om te
léven.'

De ander zwijgt, maar het vogeltje zegt, zeer duidelijk: 'Ta
gueule.'

Daar dit 'hou je bek' betekent is het succes groot. Als we
uitgelachen zijn voegt het vogeltje er aan toe: 'Bravo Coco.'

III

Een week lang heb ik tweemaal per dag het café tabac van
monsieur Robert bezocht – 's ochtends na het ontbijt voor een

kop sterke koffie en om vijf uur in de middag voor het eerste glas wijn. De lezer bemerkt dat ik, ook in den vreemde, een echte Hollander blijf die zich houdt aan het in de lage landen geldende bitteruur.

Voor de mannen van Chantilly bestaat zoiets niet.

Als ik 's ochtends binnenkom vind ik ze al aan de tap achter kleine glaasjes droge rosé, waarmee ze de dag beginnen, en aan het eind van de middag zijn ze er weer of nóg en gieten zuinig water bij hun pastis, die de geur van anijs aan de stank van hun zwarte sigaretten toevoegt.

't Zijn altijd dezelfde kerels.

Claude is een mooi woord voor een lelijk ding. Een kleine, vergrijsde man die blijkbaar geen overjas bezit en bij iedere weersgesteldheid hetzelfde modderkleurige pak draagt, dat er uitziet of hij er ook in slaapt. Hij hoest onafgebroken.

'Hé, 't is hier geen ziekenhuis,' zegt monsieur Robert wel eens tegen hem.

Dan lachen de anderen. Maurice, een slappe jongeman met een kneveltje, die wel eens door zijn nijdige, versloofde vrouw of zijn intens verveeld zoontje van de bar, waar hij aan kleeft, wordt losgerukt; Pierre, een voos dikke man die telkens grappen vertelt die niet áánkomen en vrij behendig op de mondharmonika kan spelen als de geest over hem vaardig wordt en een grijsaard met een als 'Patachou' klinkende bijnaam, die slaat op zijn kreupele rechterbeen.

Hij is de enige die niet staat, maar zit. Altijd op dezelfde plaats.

Een strategische plaats.

Achter in het kleine café bevindt zich de balie van de P.M.U. Daar komt 's ochtends een staatsambtenares zitten, bij wie je kunt gokken op de courses. Dat doen die mannen vrijwel allemaal. Wat de vaste klanten van monsieur Robert verder doen, heb ik in die week niet kunnen doorgronden. Claude zag ik éénmaal met een ouderwetse bezem de straat reinigen, maar hij veegde alleen maar vlak bij het café, zodat hij er frequent kon binnengaan, voor een glas of een blik in de uitslagen. Want ook hij gokt. Och, het lijkt me wel een mooi leven. Elke dag is een avontuur met een káns.

Patachou heeft geen geld meer om te gokken.

Hij is diep in de zeventig en zit in een bejaardentehuis.

Interne kwalen hebben hem, wat het voedsel betreft, op dieet gezet. In het huis – zo vertelt hij aan monsieur Robert – zit bijna niemand die normaal mag eten. Ze hebben het probleem der verschillende diëten erg praktisch opgelost. Er is een tafel voor maaglijders, een voor suikerzieken en een voor mensen met vaatkrampen – dus je schikt maar aan bij je soort.

'Simple comme bonjour,' vindt hij.

Net zomin als voor het wedden heeft Patachou geld voor drank. Maar hij bietst meesterlijk. Zijn strategische plaats heeft daarmee van doen. Bij de balie van de P.M.U. komen de mensen niet alleen geld zetten, maar ook geld halen als ze eens gewonnen hebben. Wanneer iemand binnenkomt en doelgericht doorloopt naar achteren, kan Patachou, via de spiegel zien of zo'n man poen komt brengen of poen komt vangen. In het laatste geval drinkt hij zijn glas haastig leeg en roept, als de gelukkige op weg is naar de uitgang: 'Gefeliciteerd.' Op dat sein hebben de anderen gewacht. Zij schrokken ook hun glaasjes leeg en schudden vervoerd de hand van de winnaar, die wel van schokbeton moet zijn om dit hartelijk medeleven niet met een rondje te honoreren.

'Ja, ik heb vroeger ook veel gespeeld,' vertelt Patachou, tevreden achter zijn weer volle glas. 'Ik weet nog, het was 1929 en daar bij de tap stond Pafremont, de Engelse jockey en hij zei: 'Zet op mij, morgen rij ik in Auteuil Pomme de terre en ik ga winnen.' We lachten hem uit. Een kansloos paard. Niemand heeft op 'm gewed. Alleen de hospita van Pafremont. Uit sympathie. Maar hij won en zij kreeg voor haar vijf francs vierduizend tweehonderdenvijftig uitbetaald. In die tijd! Een fortuin. Ik had 't ook kunnen hebben, als ik maar naar die goeie kerel geluisterd had. Maar nee...'

En hij schudt nog altijd spijtig met zijn grijze hoofd en neemt een voorzichtig slokje uit zijn glas.

IV

Toen ik de kelner die bedient in het hotel dat we hier bewonen, voor het eerst zag kwam hij mij bekend voor. De verklaring daarvan drong na een poosje tot mij door. Zijn gezicht leek, als twee druppels water, op dat van de zéér Britse filmacteur David Niven. Hij heette dan ook Donald Taylor en de wieg van zijn vader stond in Londen.

Nu wemelt het in Chantilly van Fransen met Engelse namen. Cartwright, Cunnington, Newton, Sadler, Steed en niet te vergeten de heer Watson, trainer van een stal vol renpaarden en, ofschoon zeventig jaar geleden in dit stadje geboren, uiterlijk zo Engels als Birmingham rain. Als ik hem ontmoet blijkt de Angelsaksische afkeer van de Franse gewoonte voortdurend handen te schudden hem nog steeds in het bloed te zitten. Je kunt duidelijk aan hem zien dat hij het maar vies vindt. Trots zegt hij tegen me: 'Toen ik een kind was trainde mijn vader hier de paarden van Rothschild. Chantilly had in die dagen zesduizend inwoners en daarvan waren er vierduizend Engelsen.'

Dit klopt geheel met de woorden die de Amerikaanse journalist Frank Harris aan het begin van deze eeuw opschreef uit de mond van lord Alfred Douglas, toen hij hem in Parijs ontmoette.

'Je moet eens naar Chantilly komen,' zei hij. 'Daar worden mijn renpaarden getraind. 't Is er erg grappig. Een complete Engelse kolonie in Frankrijk. Er bestaan praktisch geen Franse jockeys en trainers die het zout in de pap waard zijn. Alles is er Engels – de taal, de manieren, het eten en natuurlijk ook de drank. Geen Franse jongen schijnt aanleg te hebben om een goede ruiter te worden.'

Deze Britse hoogmoed – je moet toch wel lef hebben om midden in Frankrijk de Engelse keuken te prefereren! – werd gebroken door de Duitsers. Toen ze in de tweede wereldoorlog Chantilly naderden gingen de vierduizend die de stallen en de renbaan beheersten op de vlucht. En toen de oorlog voorbij was hadden de Fransen de heerschappij over de paarden zelf in handen genomen en werd er op hun terugkeer geen prijs gesteld.

Aan hun monopolie van vroeger herinneren de namen van de bakker die Carver, de kleermaker die Ashton en de kruidenier die Glennon heet. Je vindt ze in de Tipperary bar, niet ver van het enorme hotel Condé, dat tegenwoordig een bejaardentehuis is.

Vroeger logeerden in dit op de grote renbaan uitziende hotel de heren die in Chantilly hun paarden lieten trainen, zoals lord Alfred Douglas.

Zijn uitspraak over die grappige Engelse kolonie in Frankrijk staat in Harris' boek over het leven van Oscar Wilde. Douglas was Bosie, de jongen aan wie de schrijver te gronde ging, want door zijn toedoen kwam hij, in het schijnheilig Engeland van die dagen in de gevangenis. Toen hij zijn straf had ondergaan vestigde hij zich in Parijs waar hij nog enige jaren, verslaafd aan absint en niet langer bij machte een pen op papier te zetten, voortvegeteerde, op weg naar het einde.

Harris was bij hem geweest, een paar dagen voor hij Douglas ontmoette. Wilde vertelt hem dat Bosie een fortuin van twintigduizend pond heeft geërfd.

'Ik heb hem gevraagd of hij een paar duizend pond op mij wil vastzetten, zodat ik genoeg inkomen zal hebben om redelijk te kunnen leven, maar hij wil niet,' zegt hij. 'Hij smijt zijn geld liever met beide handen weg aan renpaarden in Chantilly. En dat terwijl ik hem vroeger in Londen, toen ik nog rijk was, alles gegeven heb.'

Harris neemt de uitnodiging van Douglas om eens in Chantilly te komen kijken aan. Hij arriveert 's avonds in het hotel, waar nu de oudjes voor de ramen zitten. Bosie blijkt in Parijs te zijn, maar tegen middernacht klopt hij op de deur van de kamer. Hij is erg opgewonden en zegt: 'Ik heb een enorme ruzie met Oscar gehad. Hij wil dat ik een grote som aan hem besteed. Maar ik heb hem alles wat hij mij vroeger heeft gegeven al ruimschoots terugbetaald. Hij blijft bedelen en bedelen. Net een oude prostituée. Dat heb ik hem gezegd ook.'

Aan het eind van dit dramatische gesprek vraagt hij: 'Kom je morgen naar mijn paarden kijken?'

'Nee,' antwoordt Harris. 'Ik heb iets te doen in Parijs.'

Kort daarop is Oscar Wilde gestorven.

Een prinses

Voor Mary Dorna

Toen ik in het dorp kwam zag ik dat het huisje verdwenen was. Er stond nu van die miezerige nieuwbouw uit een krappe beurs. Maar mijn vorig bezoek was dan ook lang geleden. Achttien jaren telde ik en ik werkte, als een bedrijvige jongste verslaggever, bij het socialistische dagblad 'Het Volk'. Op een dag werden we opgebeld door de enige abonnee die we in dat dorp hadden met de mededeling dat een vrouw met haar drie kinderen en haar meubilair op straat was gezet.

'Ga er maar heen,' zei mijn baas. 'Maar verwacht niet te veel inlichtingen, want ze zijn daar allemaal katholiek.'

En dat was in die dagen een synoniem voor zwarte reactie.

Toen ik op de plaats des onheils aankwam, vond ik er déze situatie. Voor een laag boerenhuisje stonden wat voddige meubelen en speelden drie kleine kinderen, die al van de nood een deugd hadden gemaakt. De moeder zat in een fauteuil. Ze had niets weg van een crepeergeval. Een grote, slanke vrouw van omstreeks dertig jaar was ze, met gitzwarte ogen die dwars door me heen keken en wenkbrauwen die er uit zagen of ze met houtskool waren getekend. Een trotse zigeunerprinses, gezeten op haar troon. Zij het in de openlucht.

Ik zei dat ik van de krant was en dat ik het een schande vond en dat ik er een stuk over ging schrijven waar de honden geen vreten van zouden lusten. En terwijl ik sprak, mat ze mij met haar blik en speelde er een klein, spottend glimlachje om haar volle lippen. Toen ik stil viel, wat onrustig, want ik was een nogal verlegen jongen van achttien, zei ze alleen: 'Och, zorg liever voor 'n ander huuske.'

'Dat zal ik proberen,' riep ik fier.

En ik ging op pad. Eerst naar de burgemeester, maar daar kwam ik niet verder dan de drempel van het raadhuis, want de mededeling dat ik verslaggever van 'Het Volk' was bleek voldoende om niet te worden toegelaten. Ik dacht: 'Als ik de pastoor eens probeerde. Hij is zieleherder, dus dit geval moet hem toch aan zijn edel hart gaan.'

Hij liet me wél binnen. Een klein, vet mannetje was-ie en de paarse aderbreukjes op zijn bolle wangen bewezen dat hij aan tafel geen water dronk. Toen ik de affaire op zijn pluche tafelkleed had gelegd boog hij zich conspiratief naar mij over en sprak, met slechte adem: 'Maar ze is niet getrouwd. Die kinderen zijn van drie verschillende kerels.'

Zijn gelaatsuitdrukking combineerde zedelijke verontwaardiging en onmiskenbare geilheid niet onverdienstelijk. Daar ik, ook toen reeds, mateloos verlichte denkbeelden had zei ik: 'Wat geeft dat nou?'

Hij sprong op.

'Me huis uit!' riep hij. De pastoorsmeid, een op de achterpoten lopende zeug, had kennelijk aan de deur geluisterd want ze stond op de gang ook te vlammen van verontwaardiging en rukte de deur bijna uit de hengsels.

Ik ging naar de dorpskroeg, praatte daar over de zaak met de kastelein, een luie, verzopen man die geen merkbare hinder had van religieuze principes en vernam van hem dat boer Hupkes wel een huisje te huur had. Maar boer Hupkes bleek op reis. 'Kom morgen maar,' zei zijn vrouw. Ik keerde terug naar de prinses, die nog altijd rustig op haar troon zat en riep: 'Misschien heb ik morgen een huis voor u.'

'O,' antwoordde ze, met die glimlach weer. En haar ogen zeiden: 'Ventje, in bed stel je vast niks voor.'

Die avond schreef ik een vlammend stuk en de volgende morgen reisde ik al vroeg naar het dorp. Ik meende dat hunkering naar sociale gerechtigheid mijn motor was, maar toch betwijfel ik of ik voor een lelijk wijf óók zo hard gelopen zou hebben. Boer Hupkes bleek de kalmste man van het westelijk halfrond te zijn. Ja, hij wilde haar dat huisje best verhuren. 'Maar de pastoor...' begon ik.

'Ik heb schijt aan de pastoor,' zei hij, 'ik ben niks.'

Want goddank bestonden er toen ook al mensen die niks waren, anders was ons leed helemáál niet te overzien geweest. Met een papiertje waarop adres en huurprijs stonden ijlde ik naar haar toe. En toen eindigde de zaak net als de verfilmde roman 'Anatomy of a murder'. Ik vond er – niets. Geen meubelen, geen prinses, geen drie verschillende kindertjes. Alleen een leeg huisje. En een buurvrouw die riep: 'Die? Die is gisteren opgehaald met een vrachtauto door een van die mooie kerels van d'r.'

Ik belde de krant en zei: 'Plaats dat stuk maar niet.' Droevig reed ik met de bus naar de stad. Ik had haar zo graag nog één keer gezien.

De schepping

In het bos zaten we op een omgevallen boomstam bij een kruising van drie paden en keken zwijgend naar het groen dat al een beetje moe begint te worden van de zomer. Na een poosje kwamen twee fietsers aan. Een jongeman en een jonge vrouw met 'n kind van een jaar of twee in zo'n stoeltje achterop bij pa.

'Hier dan maar?' vroeg pa.

'Goed,' zei ze.

Ze stapten af, zetten de fietsen tegen een boom en gingen in het gras zitten om wat te eten en te drinken, maar vooral om te spelen met het kind. Een wel aardig jongetje, zoals er meer zijn. Ook zijn ouders hadden alledaagse gezichten, maar als ze naar hem keken kwam er een uitdrukking van grote tederheid op. Ik zei: 'Dat krijgen ze toch nooit weg, he.'

'Wat?' vroeg mijn vrouw.

'Nou – dát,' zei ik. 'Mannetje, vrouwtje, kindje. Beminnen elkaar. Willen bij mekaar wezen. Gezin. En nou kunnen ze wel voortdurend schrijven dat het gezin weg moet omdat het deel uitmaakt van de duivelse kapitalistische samenzwering maar ik durf jou, hier, nu er toch niemand meeluistert, best te zeggen dat het de reinste flauwe kul is.'

'Waarom dan?'

'Omdat het gevoel van die vrouw daar voor dat kind en van dat kind voor haar niets te maken heeft met een maatschappelijk stelsel. Dat is instinct. Hebben we nog met de dieren gemeen.'

'Ik heb anders laatst in "Sextant" gelezen...' begon mijn vrouw.

'Ach, die jongens hebben alleen maar verstand van kapotjes en andere middelen om te voorkomen dat er een gezin ontstáát,' zei ik. 'Maar van de schepping snappen ze toch niks.'

'Jij wel?' vroeg ze sceptisch.

'Ja hoor, ik kan het je precies uitleggen. Kijk, op een dag was God gereed met de schepping. Hij keek er met welgevallen op neer. Toen kwam de duivel aanslenteren en keek ook eens en zei: "Dat wordt niks." En toen zei God: "Ja, dat wordt wél

wat, want kijk, ik heb twee verschillende gemaakt, een mannetje en een vrouwtje. En die plegen samen een heerlijke daad.
Een daad die ze steeds weer heerlijk vinden. Daar heb ik erg
mijn best op gedaan. En als ze die daad gepleegd hebben, dan
krijgen ze een kind." Want de N.V.S.H. was er toen nog niet.
"En voor dat kind", vervolgde God, "voelen ze liefde." En de
duivel vroeg: "Wat is dat – liefde?" En God zei: "Als ik jou dát
duidelijk kon maken, zou je een duivel van 'n dubbeltje wezen.
Maar het is een erg mooi gevoel en ik heb het zo verduiveld
sterk gemaakt, dat zelfs jij het niet kapot kunt krijgen. Aanvankelijk voelt het kind ook grote liefde voor de vader en de
moeder, maar later verstoot hij ze. Da's natuurlijk wel een
beetje smartelijk, maar dat moest ik er inbrengen, voor de
continuïteit, zie je. Want als hij volwassen is kiest hij een vrouw
en dan plegen ze samen de heerlijke daad en dan komt er weer
een kind dat ze liefhebben en zo gaat het eeuwig door." En toen
de duivel dat gehoord had verbleekte hij en hij mompelde
geërgerd tussen zijn tanden: "Godverdomme." En God zei:
"Ik dacht dat ik dat al gedaan had, of word ik vergeetachtig?"
En de duivel zei: "Sorry, ik praatte even in mezelf." En hij liep
naar zijn ouwe moer en sprak bezorgd: "Dat heeft-ie slim
bedacht. Duivels slim." En zijn ouwe moer zei: "Ach, kop op,
we zullen alles doen om hem te sarren en te treiteren." En dat
dóen ze ook. Maar dát daar krijgen ze toch niet kapot.'

De hemel bewolkte opeens en er klonk een verre, wat fletse
donderslag.

'Gek,' riep het vrouwtje. 'En 't is zulk mooi weer. Begrijp jij
dat nou?'

De jongen, die het kraaiende kind hoog in de lucht tilde,
begreep het niet. Maar ik wel. De duivel had ze gezien en
vergreep zich nu gramstorig en onbevoegd aan de elementen.

De bijeenkomst die ik 's avonds moest bezoeken duurde veel korter dan ik had begroot. Reeds om negen uur kwam ik weer thuis. Mijn vrouw zat in haar stoel en riep op een toon die ik niet blij verrast zou willen noemen: 'Hé, ben je daar nou al?'

''t Was erg gauw afgelopen,' antwoordde ik. 'En toen dacht ik, kom ik ga hier maar naar toe. Ik woon hier, zie je.'

Ze glimlachte.

'Ik was net begonnen,' zei ze. Naast haar stoel lag een plastic vuilniszak en bij haar voeten stond de grote, blauwe hoedendoos. Die heeft al meer dan dertig jaar al onze verhuizingen overleefd.

Er zitten brieven in.

Voor ik mijn vrouw ontmoette heeft zij vier jaar in Parijs gewoond. Het was, geloof ik, de meest onbekommerde tijd van haar leven. Ze had er een groot aantal vrienden en vriendinnen van diverse nationaliteiten met wie ze uitvoerig correspondeerde. De brieven die ze uit vele windstreken terugkreeg lagen, in de enveloppen, opgestapeld in de hoedendoos die onder in de kleerkast stond en voor haar 'de Parijse jaren' betekende.

Een poosje geleden zei ze tegen me: 'Ik ga die brieven eens wegdoen.'

'Waarom?' vroeg ik.

'Wat heeft het voor zin ze te bewaren? Ik lees ze nooit meer. En dan – als ik straks dood ga...'

'Ik verzoek je dringend niet straks dood te gaan,' zei ik.

'Nee – ik bedoel, dan zitten die kinderen met die brieven. Ik ga ze verscheuren, 'n keer.'

Die keer was nu blijkbaar aangebroken.

Ik ging zitten.

Ze keek me een beetje verlegen aan en vroeg: 'Wil je me een lol doen?'

'Natuurlijk.'

'Je hebt misschien hiernaast nog wel wat te werken. Als je er zo bij zit... Ik wou het liever alleen doen.'

'Goed,' zei ik. 'Ik wil me er niet mee bemoeien maar ik geef je één advies.'

'Wat dan?'

'Ga niet lezen. Alleen maar scheuren. Moedig doorscheuren. Als je begint te lezen zit je hier morgenochtend om zeven uur nog.'

'Ik beloof het,' antwoordde ze. 'En ik roep je wel als ik klaar ben.'

Ik ging in de andere kamer achter mijn schrijfmachine zitten en begon post te beantwoorden.

Het bestaan had meer dan ooit iets van een perpetuum mobile want ik máákte brieven en zij vernietigde brieven onder hetzelfde dak.

Het was bijna twaalf uur toen ze riep: 'Kom maar.'

Ik ging de huiskamer binnen.

De hoedendoos was helemaal leeg. En de vuilniszak helemaal vol. Met de snippers van een gelukkige jeugd.

''t Is gebeurd,' zei ze.

Op tafel lag een grote gele envelop.

'En deze?' vroeg ik.

'O, daar heb ik de vreemde postzegels ingestopt. Die heb ik er afgehaald. Voor Bartje. Hij spaart ze.'

En met 'n lachje: 'Er zit misschien wel een stukje voor je in.'

Ik knikte en strekte mijn hand uit naar de vuilniszak. Maar ze zei op een haast plechtige toon: 'Nee. Deze ga ik zélf buiten zetten.'

En dat deed ze. Weer terug in de kamer ging ze in haar stoel zitten en riep: 'Hé, wat ben ik blij dat ik eindelijk van die boel af ben.'

Maar ze is nooit op de toneelschool geweest en daarom wist ik dat het niet waar was.

Klaartje

I

Onze kleindochter Klaartje, zes jaar oud, zou bij ons eten en
logeren. Toen ik mij, tegen zessen, bij haar huis vervoegde om
haar te halen bleek dat ze aan het spelen was, bij een buurmeisje.

'Pik haar dáár maar even op,' zei mijn dochter.

Even later belde ik er aan.

De buurvrouw liet mij binnen en vroeg: 'Wilt u soms een
kopje thee?'

'Graag,' antwoordde ik.

Want soms wil ik wel een kopje thee, als het maar niet te
vaak is.

De buurvrouw zette het kopje voor me neer en vroeg of ik
haar nu wilde excuseren, omdat ze 'de spinazie moest ontdooi-
en.' Ook zo'n term waarmee mijn vader, als hij terugkwam,
moeite zou hebben. Hij zou trouwens met álles moeite hebben
en moet dus maar niet terugkomen.

Terwijl de buurvrouw, met open keukendeur, ging ontdooi-
en, dronk ik de thee. En noteerde vervolgens de conversatie die
de twee meisjes voerden.

Tegenstanders van de consumptiemaatschappij zullen er
wel van gruwen. Dat spijt me. Maar 't was nu eenmaal niet
anders dan zó.

'Zeg,' vroeg het vriendinnetje 'met wie ga jij nou later trouwen?'

'Met mijn neef David,' antwoordde Klaartje.

'Met David?' riep het buurmeisje verbaasd. 'En ik dacht dat
hij met Marjan ging trouwen.'

'Nee, dat was eerst. Maar hij heeft toch liever mij,' antwoordde Klaartje met grote zekerheid.

'Waarom dan?'

'Ik denk dat het is omdat ik lekkerder knuffel,' zei ze.

Een goede reden, dacht ik.

'En wat wil David later worden?' vroeg het vriendinnetje, op de toon van iemand die orde op zaken wil stellen.

'Ik geloof ridder,' zei Klaartje.

Want thuis draagt David bij voorkeur helm en harnas en probeert hij iedereen aan een enorm zwaard te rijgen.

'Ridder?' riep het meisje. 'Dat kan toch niet. Ridders bestaan niet meer.'

Klaartje haalde haar schouders op.

'Nou, dan wordt hij wel soldaat,' zei ze inschikkelijk.

'Soldaat?' vroeg het meisje.

En met stemverheffing: 'Mam, waar is 't ook al weer oorlog?'

'In Vietnam, schat,' riep de moeder uit de keuken.

'O ja,' zei het meisje.

En tegen mijn kleindochter: 'Dan moeten jullie in Vietnam gaan wonen.'

'Nee, dat hoeft niet,' antwoordde Klaartje, op serene toon. ''t Hoeft geen oorlog te zijn. We blijven gewoon in Amsterdam.'

II

De logeerpartij was erg feestelijk, ook voor ons. Want alleen en onbedreigd geniet ze intens van zo'n uitje. Des ochtends zingt ze in het bad een uitvoerig repertoire. Dat is een plezierig gehoor in huis. Voorts benadert ze alles zéér positief – ook de televisie. Als ze weet dat een programma 'om te lachen' is, doet ze dat met een uitbundigheid die de optredende artiesten, als ze haar konden horen, stellig meer deugd zou doen dan het stukje in het ochtendblad, geschreven door iemand die je minder gemakkelijk aan het lachen krijgt.

Maar voor er wat op de buis te zien viel maakte ze met behulp van viltstiften een groot aantal tekeningen. Het toestel stond wel aan maar zong alleen carnavalsliederen achter het testbeeld. Ze neuriede mee en legde toen de viltstiften weg, want het programma begon.

Er kwam eerst een aankondiging van een stuk dat zou worden vertoond als ze allang sliep. In het scènetje dat, bij wijze van voorproef, werd getoond zag je een man, die een

97

kroeg verlaat waar hij kennelijk veel tot zich heeft genomen, want hij beweegt zich, tastend langs de gevels, zeer wankel voort. Zwijgend en aandachtig zat Klaartje voor het toestel te kijken.

Toen hoorde ik haar ernstig voor zich uit zeggen: 'Ik zou hem zo niet graag in huis willen hebben.'

Een meisje van zes aan het woord.

Dat bij het zien van zo'n tafereeltje alleen maar denkt aan de toekomst die, geloof ik, wat haar betreft op zeer traditionele wijze mag verlopen.

Toen om negen uur de televisiepret voor haar voorbij was resumeerde ze, in bed gezeten, voor ons nog even schaterend de komische hoogtepunten ('En die meneer zei dat hij droge sherry wou maar dat mannetje had alleen "natte"'), luisterde vervolgens aandachtig naar een door mij voorgelezen hoofdstuk uit een door haar meegebracht boek over de avonturen van een Chinees jongetje en ging daarna tevreden slapen.

De volgende dag kwam ze naar me toe, toen ik in de gang mijn jas aantrok en vroeg: 'Waar ga je heen?'

'Ik moet even een boek terugbrengen bij een meneer van wie ik het geleend heb,' antwoordde ik.

'Mag ik mee?'

'Ja hoor.'

'Is het een lieve meneer?'

'Ik vind van wel,' zei ik.

'Dan zal ik een tekening voor hem meenemen,' besliste ze. En ze rolde er een op.

Even later waren we welgemoed op pad. De lieve meneer was gelukkig thuis. Hij is een vrijgezel van zestig, niet gewend aan de omgang met kleine kinderen. Toen Klaartje hem haar kunstwerkje had overhandigd, raakte hij een beetje in paniek. Hij begreep wel degelijk dat hij nu blijk moest geven van dankbaarheid, maar hij deed het een beetje overtrokken.

'Oooh!' riep hij. 'Wat een schitterende tekening! Duizend maal bedankt hoor. Ik ben er heel erg blij mee. En ik ga 'm meteen aan de muur hangen. Dan kan ik de hele dag zien hoe geweldig mooi hij is.'

Klaartje liet deze vloedgolf van artificiële geestdrift zwijgend over zich heen gaan. Ook op de terugweg zei ze niets. Maar thuis vroeg mijn vrouw: 'En – was die meneer blij met de tekening?'

'Ja,' antwoordde ze. 'Maar ik geloof niet dat hij vaak iets krijgt.'

Stadje

Voor Marianne

Het stadje ligt dicht bij de Duitse grens. Het is ochtend en ik loop er wat brekelijk rond. Want gisteren heb ik een vriend, die hier woont, helpen trouwen, als getuige, en bruiloften slopen me. Ik zou ze verbieden als ik macht heb. Maar ik heb geen macht.

Het hotel, waarin ik de kleine uren van de feestnacht heb geslapen, is splinternieuw en heet 'Marktzicht', omdat het aan de markt ligt. Geen trouvaille van belang dus, die naam. Het cafe-restaurant beneden, doet sterk denken aan zo'n met verdampt verdriet gevulde zaal op Westerveld, waar de familie, na de crematie, een naar modder smakend kopje koffie nuttigt.

Goede cafés bouwen is een verloren gegane kunst, net als het maken van kluchten, zoals Laurel en Hardy dat konden en het duurzaam balsemen van lijken. 'Lenin stinkt', schreef Erich Wichman, reeds in mijn jongensjaren. Dat zal nu nog wel erger zijn. Maar het is ver van mijn bed.

De eigenaar van het hotel is een vette, wantrouwige, hoogst kale man, met ogen vol personeelsgebrek. Als je hem om een uitsmijter verzoekt, kijkt hij eerst verbijsterd, of je hem een onvoorstelbaar obsceen voorstel hebt gedaan, en blijkt dan bereid de bestelling wel degelijk uit te voeren. Hij doet denken aan zo'n buisverlichting, die geruime tijd nadat je het knopje hebt omgedraaid, pas aanflitst. Zijn dochter heet Sabrina – hoe kwam hij óóit op die naam? –, heeft de pech op hem te lijken en wacht, onder het omwassen van koffiekopjes, zonder échte hoop op vaste verkering. Er wordt wat afgeleden, dames.

Klein is het stadje wel, maar het mist de lieflijkheid, die kleine stadjes hun bestaansrecht geeft. De straten dragen namen als 't Murs en de Spijkerdreef, die je alle moed doen ontzinken. Het kerkhof blijkt solied gesloten, als vreest men een inval. Dat spijt me, want het bezoeken van dodenakkers weet me op grijze ochtenden als deze, altijd een beetje op te beuren, waarschijnlijk, omdat ik denk: 'Komaan, zó dood als jullie ben ik nog niet.'

In de supermarkt doen vrouwen nors boodschappen. Ze zijn zonder uitzondering lelijk. Misschien mogen mooie hier niet binnen. Een vrouw, die naar mijn indruk te veel onnodigs heeft ingekocht, zegt, als ik passeer, in een tegen Duits aanleunend taaltje tegen een andere vrouw: 'Nou heb ik, toevallig, véél verstand van muziek.'

Ik niet, maar ik voel me vanochtend meer dan ooit de unvollendete. Blijkens een raambiljet, noteert de magere kalfsborst ƒ 3,48, 'Tijdelijk', staat er achter. Ook dát al. Een man, die er uitziet als een parodie op Multatuli, blijft stilstaan, met een nog niet brandend sigaartje tussen de lippen en vraagt om vuur.

Ik geef hem mijn lucifersdoosje.

Hij steekt de sigaar aan, stopt het doosje in zijn zak en loopt door met de woorden: 'Anders zit ik zo onthand.'

Een originele geest.

In een sigarenwinkel koop ik een pakje sigaretten en een doosje lucifers van een vrouw, die mij een zin van Kurt Vonnegut te binnen brengt: 'Zij was een saai mens, maar een opzienbarende uitnodiging tot het maken van baby's.' Uit het achterhuis klinkt dan ook kindergeschrei. Weer buiten, begint het zacht en slijmerig te regenen. Ik ga een café binnen, waar mannen aan de tap staan te converseren, op een toon of ze hooglopende ruzie met elkaar hebben. Eén van hen zegt: 'Hier komen ze 's zondags uit de kerk, met gebogen hoofden. Maar niet van de preek. 't Is alleen maar om te kijken of er soms een cent op de grond ligt, die naast het collectezakkie is gevallen.'

Ik begin maar aan dit stukje. Als het weer droog is, loop ik door een winkelstraat vol huizen, die de Haagse schilder Berserik zouden doen watertanden, terug naar de markt. Bij een kraam met mierzoet geurende versnaperingen, staan twee vrouwen, allebei met een hondje aan de lijn. De ene vrouw zegt: 'Als je alléén bent en je hebt een hond, dan zeggen ze: "Ze moet d'r liefde kwijt" en als je een man, drie kinderen en een hond hebt, zeggen ze: "Ze houdt zo van dieren."'

Ach, overal valt iets te leren, nietwaar?

Zien

Vanmorgen zat ik op een bank in het plantsoen mijn verhaal te bedenken, want één ding heb ik gemeen met Sheridan – als ik van zo'n bank opsta om thuis achter mijn schrijfbureau te gaan zitten, zeg ik mét hem: ' 't Stuk is klaar. 't Hoeft alleen nog maar opgeschreven te worden.'

In het plantsoen naderde een grijzende dame met een klein, zwart, krullerig hondje. Ze loopt daar wel meer. We zijn op groeten en op terloopse kanttekeningen bij het weer. Het hondje stond stil en rook geboeid aan mijn knie. De vrouw zei zorgelijk: 'Hij ziet bijna niks meer. De leeftijd, he. Elf jaar. Volgens de dokter zal hij gauw helemaal blind zijn. Nou heb ik kennissen die zeggen dat ik 'm dan moet laten afmaken. Omdat hij als hij blind is, niks meer aan zijn leven heeft. Vindt u dat nou ook?'

'Nee hoor,' antwoordde ik. 'Blinde mensen maken ze toch ook niet af. En die hebben vaak een hoop pret.'

'Zie je nou wel,' riep ze. 'Die kennissen zeggen dat 't egoïsme van me is, als ik 'm laat leven. Maar als ik nou maar z'n bakje voer en z'n bakje water altijd precies op dezelfde plaats zet, kan-ie het best vinden.'

Het hondje trok haar mee.

'Ik denk maar dat ik 't niet doe,' riep ze.

Ik bleef op de bank achter met een gevoel van voldaanheid.

Misschien had ik dat hondje wel het leven gered.

En is dat geen mooi begin van een gewone, doordeweekse dag?

Ik heb nog nóóit iemand het leven gered.

Ondanks de eerbiedwaardige ijver der zoölogen is de dierenwereld voor ons een gesloten boek.

Zelfs Dick Hillenius kan mij niet bewijzen wat een hondje ziet en wat het daarbij denkt.

De mens waant zich het middelpunt van het heelal.

Alles is voor hem geschapen.

Misschien denkt een hondje dat ook.

Dat de bomen alleen maar zijn gegroeid opdat hij er tegen

wateren kan. En dat de mensen een soort dieren zijn, gemaakt om hem te gerieven.

Wie weet?

In heb een oude, wijze vriend die zijn leven·lang in het paardenvak zit. In zijn jeugd heeft hij in de stallen van Franse kastelen gewerkt en de grote jachten meegereden. Ik hang aan zijn lippen, als hij mij daarover vertelt in zijn klein, midden in een Gelders woud staand huisje, waar hij woont met als enig gezelschap een Dalmatiner die nimmer van zijn zijde wijkt.

Over deze touchante trouw maakte ik laatst een waarschijnlijk sentimentele opmerking, want mensen hebben de gewoonte op dieren eigenschappen te projecteren die ze niet hebben, maar die, naar menselijke normen gemeten, wel aardig zouden zijn.

Daar beginnen we al vroeg mee.

Een kennis van me heeft een oude hond. Haar kleinzoon vroeg laatst of die hond een mamma en een oma had. Toen ze antwoordde dat die allebei dood waren, zei het kind: 'Hoe kan dat nou – hij kijkt helemaal niet verdrietig.'

Mijn vriend in 't woud antwoordde: 'Je moet niet denken dat die hond zo dol op me is. Ik ben zijn bezit.'

Dat is er een om over na te denken.

En ik weet er, nu we het toch over dieren hebben, nóg een.

Toen jaren geleden in Zeeland de dijken braken en de wrede stem van het water het doodvonnis velde over mens en dier, zag ik in de krant een luchtfoto van twee paarden. Ze stonden naast elkaar tot de borst in het wassende water, gelaten te wachten op de dood. Mensen trachten dan te vluchten. Maar zij niet. Zij voelden, denk ik, dat het onafwendbaar was. Zij wisten te sterven. Nogal raadselachtig, vind ik.

Ach, waarom zou een blind hondje niets meer hebben aan zijn leven? Ik zie, jaar in jaar uit, van alles, zoals bijvoorbeeld die foto en ik word er soms doodmoe van.

Jeugdsentiment

I

En we waren weer eens een weekeind op Scheveningen. Oorzaak – jeugdsentiment. We zijn nu eenmaal allebei in Den
Haag geboren en hebben op de boulevard en aan het strand
veel herinneringen liggen, die je soms eens wilt oppoetsen.

Scheveningen, op een bewolkte septemberdag, heeft iets
Tsjechofiaans. Er lopen nog wel wat mensen, die er in menen te
geloven, maar hun ondergang staat vast. De kelner, die ons op
het Gevers Deynootplein een kopje koffie brengt, zegt: ''t Was
een seizoen van 'n dubbeltje. Maar ik begrijp wel dat de
toeristen niet meer willen komen. Wat valt er nou te beleven,
hier? Alles is dicht. Die zaak dáár is failliet en die zaak dáár is
failliet en die zaak daar is failliet.'

Hij wijst over het plein.

'En die galerij dáár stelt toch ook niks meer voor,' vervolgt
hij. ''t Palais de Danse is het hele seizoen niet open geweest. En
nachtgelegenheden... Met pijn hebben we er nog twee, geloof
ik. Maar daar tillen ze de mensen bij 't leven. Vijfenzeventig
ballen voor een fles champagne. Mag ik u even spreken? Dan
kom je toch nooit meer terug?'

Lief, oud, gebladderd Scheveningen.

Ook de zee is grijs geworden en zingt 's nachts, als we in de
hotelkamer liggen, een zeer zwaarmoedig lied, dat je een gevoel van veilig geborgen zijn geeft. Ik weet niet waarom.

De Pier, ofschoon nog vrij jong van jaren, is toch al een beetje
beduimeld.

Je kunt er wel op, voor een gulden, maar de winkeltjes zijn
gesloten.

Ook de koffietent 'Sea horse'. Die heet nu 'ea horse' omdat
de houten S er afgevallen is. Hij ligt niet op de grond. Zou
iemand die nou mee naar huis genomen hebben? Zo'n vraag
boeit me.

En ik loop zeer allenig langs het strand en ik denk aan het
moment waarop we gisteren in Den Haag uit de trein stapten

en naar de uitgang liepen. Bij de trap is een bloemenstalletje, waar we vroeger altijd rozen kochten voor mijn moeder. Maar dat hoeft al een paar jaar niet meer. En ik zie haar weer met mijn nog kleine kinderen in het zand zitten want ze mochten, als ze in de zomer bij haar logeerden, elke dag mee naar Scheveningen en daaraan bewaren ze de heerlijkste herinneringen.

En lopend langs die grijze zee denk ik aan mijn eigen kindertijd toen we 's zomers, op zondagen, telkens op de fiets gingen 'tenten' op Kijkduin. Want we bezaten een onnodig grote tent. Ik heb die uitjes nooit leuk gevonden. Hete, zweterige dagen waren het voor mij en ik struikelde ook onophoudelijk over de touwen waarmee de tent overeind gehouden werd en bezeerde dan mijn knie. Mijn moeder vond 'tenten' leuk.

Zij creëerde ook het werkwoord.

Ik zie haar nog in dat zeildoeken onderkomen, waarop een rood-gele vlag wapperde, doende omslachtig thee te zetten. Maar ik hield niet van thee en wou geen kopje. Wat misselijk van me, vindt u ook niet? In opgevouwen toestand was de tent loodzwaar. Toen ik dit detail later bij het ophalen van jeugdherinneringen eens ter sprake bracht, zei ze, op honende toon: 'Jij droeg alleen de vlag.' Eigenlijk een mooie titel voor mijn eventuele memoires: 'Ik droeg alleen de vlag.'

Een zachte regen begint neer te dalen op Scheveningen. Op het Kurhaus, waar alles nog het oude is. Op de bijbelkiosk, waarop te lezen staat: 'Wat baat het u, o mens, zo gij de ganse wereld wint en schade lijdt aan uwe ziel', wat we toevallig eens een keertje in onze zak kunnen steken. En op de failliete zaken regent het. En op de vroeg oude Pier.

Wie zou nou toch, verdomme die houten S mee naar huis genomen hebben? Zoiets dóé je toch niet?

II

Tegen zessen betraden mijn vrouw en ik in Den Haag een klein restaurant. Veel volk zat er niet. Toen wij aan een tafeltje bij het raam hadden plaatsgenomen, kwam de ober met spijskaarten ter grootte van een kussensloop en vroeg of er 'een appurrutiefje gewenst werd.' Welzeker. Hij was een indruk-wekkende, aan de slapen grijzende man in een volmaakte rok en hij zou op een receptie best kunnen doorgaan voor de ambassadeur van zo'n ver land waar ze mensen voortdurend martelen, maar dat kun je nooit zien aan zo'n vent. Toen hij onze drankjes had neergezet, openden we de spijskaarten. Mijn vrouw ontroert me op dat moment altijd een beetje. Ze heeft in het tempeest van ons leven de dappere eigenschap behouden gezellig iets lekkers uit te zoeken, met een feestelijk gezicht. Ik heb dat niet. Ik eet alleen omdat ik doodga, als ik het nalaat.

'Weet je wat ik neem?' zei ze. 'Ik neem die kalfsoestertjes in pikante saus.'

'Goed, dat neem ik dan ook,' zei ik.

'Maar je hoeft niet omdat ik het neem,' riep ze.

'Nee, het klinkt me wel smakelijk in de oren,' zei ik.

We sloten de spijskaarten en de ober kwam weer aan.

'We wilden die kalfsoestertjes met pikante saus,' zei ik.

Op zijn edel herenhoofd kwam een wat bezorgde uitdruk-king en hij sprak: 'Ik zou het u niet raden.'

'Waarom niet?' vroeg ik.

'Omdat 't niet is wat u er van verwacht,' antwoordde hij. 'En dat zou teleurstellend zijn, nietwaar? 't Is een vrij prijzige plat. 't Mag dat geld best kosten, maar dan moet 't perfect zijn. En 't is niet perfect.'

'Hoe komt dat dan?' vroeg mijn vrouw.

'Och, weet u mevrouw,' zei hij. 'We hebben hier een heel aardige chef-kok staan. Een jonge kerel nog. Nu heeft iedere kok zijn eigenaardigheden. En hij is, als ik het zo eens zeggen mag, aan de zoute kant. En die pikante saus van hem, nou, als u die eet, dan hebt u vanavond aan drie potten thee niet genoeg. Ik wil 't wel brengen, hoor. Stel je voor. Dat zou de omgekeerde wereld zijn. Maar ik breng de mensen graag iets waar ik helemaal achter sta.'

'En u staat niet achter die kalfsoestertjes,' begreep ik.

'Nee meneer,' antwoordde hij ernstig. 'En nou heb ik colle-ga's te over, die het niks schelen kan. U bestelt kalfsoestertjes. Goed, ze brengen kalfsoestertjes. Terwijl ze weten dat ze niet deugen. Het kan ze, als mevrouw het woord permitteert, niet verdommen. Weet u hoe ik die mensen noem? Etenslepers. Maar ik ben een ober en ik wil dat mijn gasten lekker eten en tevreden huiswaarts gaan.'

'Dat vind ik erg aardig van u,' zei ik. 'Breng ons dan nog maar twee van die glaasjes, dan zullen we de kaart opnieuw doornemen.'

Hij verdween.

En weer openden wij de kussenslopen.

'Gebakken lever...' opperde mijn vrouw.

'Link,' zei ik. 'Dat staat altijd op spijskaarten, maar dat hebben ze meestal niet.'

Terwijl zij verder las kwam de ober met de glaasjes en zei: 'Ik wil me er natuurlijk niet in mengen. Maar weet u wat hij erg lekker klaarmaakt? Die zwezerik daar. O meneer, als ik dat serveer, dan loopt het water me in de mond. Nee, dat is nu een plat, die ik u van ganser harte kan aanbevelen.'

Ik keek naar mijn vrouw.

Ze knikte.

'Geeft u ons dat dan maar,' zei ik.

Nu heb ik iets tegen zwezerik, omdat mijn moeder, toen ik nog een klein jongetje was, een maagzweer had en een dieet dat dit sponzige gerecht tot brakens toe op onze tafel bracht. Maar mijn vrouw, ongehinderd door deze associatie, smikkelde lekker. En 's avonds laat heb ik in het hotel nog een smakelijke boterham met kaas genuttigd, en niet gedacht aan de vaatziekten die je daarvan krijgt.

III

Gabriëlle van acht komt uit school met deze mededeling: 'We hebben een dood vogeltje tussen de struiken begraven en dan gaan we er steeds naar toe en dan leggen we er mooie steentjes bij en dan gaan we op de knietjes zitten en dan gaan we ons rothuilen. Da's heel leuk.'

In de Indische buurt zat ik in een vaal café met een oude man, die zei: 'Hier is 't nog helemaal vroeger, toen we de koloniën nog hadden. Al die kapitale huizen. Niet meer te bewonen. Geen personeel. Maar vroeger wel. Mijn vader is gestorven, dáár, in die grote kast, in de Bankastraat. Niet nou, hoor. Ik spreek van vijf en twintig jaar geleden.'

Verder sprekend kreeg zijn stem een ondertoon van vertedering.

'In de oorlog werd mijn vader geëvacueerd uit Den Haag, naar Gelderland. Hij was toen al diep in de zeventig. M'n zuster ging met hem mee. Toen de oorlog voorbij was, keerden ze terug. Den Haag wás 't voor die twee. Ze zaten eerst samen op een klein kamertje, hier in de Indische buurt. M'n zuster zocht werk. Als huishoudster, of zoiets. Nou hoorde ze, bij een spekslager waar ze een boodschap deed, dat in de Bankastraat een ouwe mevrouw woonde met haar man en dat die ouwe mevrouw om hulp verlegen zat. Ze woonde groot en ze had geen tijd voor het huishouden omdat ze dag en nacht druk was met de vrouwenrechten. Een soort dolle Mina, op jaren. M'n zuster ging er heen. 't Was een felle tante, maar 't klopte meteen tussen die twee. M'n zuster zei: "Ik wil graag komen, maar ik zit nog met één probleem. M'n vader van tachtig. Die is altijd een rooie geweest. Een opstandige natuur. En in zo'n ouwemannenhuis kan hij vast niet aarden. Da's allemaal christelijk." Het was waar. M'n vader behoorde tot de socialisten van het eerste uur. Dus dat sprak die mevrouw wel aan. Ze zei: 'O, breng je vader maar mee. 't Huis is groot genoeg. We hebben wel een kamer voor hem.'

Hij glimlachte vermaakt.

'Nou had mijn vader in de oorlog zijn baard laten staan, omdat het zo moeilijk was om aan scheerzeep en aan mesjes te komen. Een mooie, witte ringbaard. 't Stond hem goed. En weet u wat nou zo goed trof?'

Ik wist het niet.

'De man van die mevrouw was een ouwe zeekapitein. Tegen de tachtig. Hij had ook een witte ringbaard. En hij droeg nog

altijd die kapiteinspet. De eerste ontmoeting van die twee heeft
m'n zuster me verteld. De zeekapitein kwam de kamer binnen
en zei: "Jij hebt een baard. En ik ook. Da's dus wel goed. En lust
je een borrel?" M'n vader zei: "Nou." Want hij lustte een
borrel. "Dan zullen wij het wel met mekaar kunnen vinden,"
zei de zeekapitein. En tegen mijn zuster: "En jij gaat naar 't
kombuis. Een vrouw hoort in het kombuis. En de mannen
geven de orders op het schip. Zó zie ik dat. M'n vrouw ziet het
anders. Daarom hebben we vaak twist."'
    Hij zweeg geruime tijd.
    Ik bestelde er nog twee.
    Buiten was de Indische buurt. Allemaal verleden.
    Eindelijk zei hij: 'Die twee trokken goed samen op. Ze
gingen samen de stad in. Ze kochten een borreltje. Nee, de
laatste jaren van mijn vader waren wel mooi...'
    Die vertedering kwam weer in zijn stem.
    'Toen mevrouw stierf was de kapitein vier en tachtig. M'n
zuster zei: "Meneer, we moeten de begrafenis regelen." En hij:
"Waar heb ik al die flauwe kul met rijtuigen voor nodig? Het
kerkhof is hier, 't hoekkie om. We kunnen haar toch wel even
dragen?" Maar mijn zuster zei: "Dat kan niet." Hij vroeg
waarom en ze antwoordde: "Dat mag niet van de wet." Toen
boog hij voor de wet.
    Drie maanden later ging m'n vader. Hij werd dáár, op
hetzelfde kerkhof begraven, ook weer met rijtuigen, die de
kapitein onnodig vond. Ik liep naast hem, achter de kist. We
passeerden het graf van zijn vrouw. Hij bleef even stilstaan en
zei: "We brengen nou ouwe Jan weg. Ik kom zó bij je." Een half
jaar later stierf hij. Zonder die vrouw en zonder m'n vader
vond hij er niks meer aan.'

v

Des ochtends dacht ik: 'Kom, laat ik de bedevaart maar weer
eens maken.' En ik liep naar het Westeinde waar ik als kind heb
gewoond. 't Bleek een bezoek aan een sterfbed. Het Westeinde
ademt nog wel een beetje, maar lang zal het niet meer duren.
Het wemelt er van lege winkels en dichtgetimmerde panden,

voor afbraak bestemd. Het huis waarin mijn vriendje Arnold op de tweede etage woonde, staat er nog. Ik was 'n jaar of zes toen ik wel bij hem kwam spelen. Zijn moeder, een uitgeteerde weduwe die altijd schreeuwend sprak, had een kamer verhuurd aan een zwaargewichtbokser. Hij zei wel eens tegen me: 'Zullen we vechten?' Als ik hem dan één stomp gaf, liet hij zich kermend op de grond vallen en smeekte: 'Hou op, hou op.' 't Moet een aardige man geweest zijn.

En ik loop over de Lijnbaan naar de Prinsegracht en bemerk, met belangstelling, dat de kleuterschool 'Samuel' nog steeds existeert. Vroeger heette het de bewáárschool 'Samuel'. Ik ben er, toen ik vier jaar was, ook nog eens één dag bewaard – een gruwelijke ervaring, want toen alle kinderen al naar huis waren, kwam mijn moeder, ten gevolge van een misverstand, niet opdagen om mij te halen. Ik zat wel een uur helemaal alleen in de lange, donkere gang van de bewaarschool 'Samuel', bekropen door de wurgende angst, dat ik hier nu voor het leven bewaard zou worden. Kinderleed wordt, geloof ik, onderschat.

Een eindje verder op de Prinsegracht passeer ik het gebouw waarin ik, als jongmens, acht jaar lang zeer vlijtig het dagblad 'Vooruit' heb zitten volschrijven. Het gebouw is nu leeg en er hangen papieren op de ramen, met het opschrift 'Te Koop'. Verder lopend kan ik mij niet geheel onttrekken aan het onredelijke gevoel dat het dus acht verspilde jaren waren.

Aan het eind van de Prinsegracht blijkt dat de fijne, permanente boekenmarkt, geheel buiten mij om, is opgeheven.

Er staat nu een bouwwerkje dat 'City promenade' heet.

Voor mij hoeft het niet.

Bij het Gemeentelijk bureau voor beroepskeuze houdt de láátste pindaman met zijn broodtrommel vol snoep koppig en met Chinese ondoorgrondelijkheid stand.

En ik wandel de Vlamingstraat in en zie dat er een nutteloze handel in schijnkunst is gevestigd in het winkelpand, waarin de vader van mijn schoolvriendje Louis vroeger 'Het Bonthuis' dreef. Op zaterdagmiddag gingen Louis en ik op het dak liggen en lieten steentjes vallen op de hoofden van de mensen die zijn vaders etalage bekeken, een aardig tijdverdrijf, dat we voortzetten tot de chef-verkoopster, een vurig vrouwtje, dat juffrouw Lous heette, ook op het dak kwam om ons met hel en verdoemenis te bedreigen.

Ik sla de hoek om en passeer in de Venestraat de winkel van mijn in een dagblad onlangs als 'herenmodemagnaat' betitelde neef Henk Wulfsen. Een mooie zaak. Die daar niet zou hebben gestaan als mijn moeder, toen hij vier jaar oud was, te laat de kamer was binnengekomen, waar hij met mijn even oude broer speelde. Mijn broer, een toen al ondernemende jongen, had hem namelijk een gordijnkoord om de hals gebonden en was, door krachtig aan het andere eind van het touw te trekken, bezig hem op te hangen. Hij liep al wat blauw aan en riep: 'Af... af...' – een door en door billijk verlangen. Als mijn moeder niet geleefd had zou de Venestraat er dus nu anders uit zien. Denk daar maar eens over na. Ze vertelde het verhaal over het gordijnkoord altijd met een vertedering, die niet geheel bij de wat morbide anekdote kleurde. Maar zij was verzot op mijn broer en alles wat hij deed. Zij hield van kleine kinderen en betreurde het dat ze opgroeiden. Met instemming citeerde zij vaak een vriendin, die zei: 'Kleine kinderen zijn lief, maar weet jij waar de grote lamstralen vandaan komen?'

Ik stap in een taxi en zeg: 'Ik wou naar de Pier.'

'De doje of de levendige?' vraagt de chauffeur. Want ook de Hagenaar gaat niet voor een kwinkslag opzij. Onderweg vertelt hij me de zorgen van een kleine zelfstandige, die talrijk zijn. Doch als we arriveren besluit hij met de woorden: 'Maar ach, we zallen de moed d'r maar in houwen, want om nou voor de trein te gaan leggen, lijkt me ook niet erg aangenaam.'

Zo is het.

Winkeltje

Jan en Annie zijn ook terug van vakantie.

Met hun kinderen, Hansje van tien en Elsje van vijf, hebben ze een maand aan de Italiaanse Rivièra in de zon gelegen. Toen ik een zeer gebruinde Jan in een koffiehuis ontmoette zei ik: 'Geen weggegooid geld, als ik je zo eens aankijk.'

''t Was heerlijk,' antwoordde hij.

'En Hansje?'

Ik moet u even uitleggen waarom ik dat vroeg. Hansje is een erg aardig, gevoelig jongetje, maar hij zit op een nogal woeste school in het centrum van Amsterdam. Die school is zo woest omdat de leerlingen merendeels kinderen zijn van hele of halve kunstenaars, genuanceerd denkende intellectuelen en de gewone beroepsquerulanten waarin de hoofdstad zo ruim is gesorteerd omdat ze uit alle delen des lands daar naar toe trekken. Een paar maanden geleden liep ik tegen lunchtijd aan bij Annie. Hansje kwam net uit school. Hij had een makker meegebracht, die Ernst heette, de zoon van een kunstschilder en twaalf jaar oud. Nu vind je, als je tien bent, een jongen van twaalf een zeer oude jongen, waar je hoog tegen op kijkt. Hansje deed dat dan ook. Je kon het merken aan zijn stoer gedrag, dat hem een paar maten te groot was. Annie zei: 'Ernst, ik vind het best dat je hier mee eet, hoor, maar dan moet je wel even je moeder opbellen dat je niet thuis komt.'

'Ik weet niet waar mijn moeder is,' antwoordde Ernst koel.

'Nou, bel je vader dan.'

'Ik weet ook niet waar mijn vader is, maar mijn ouders vinden goed wat ik doe,' zei hij.

Dat was dan dat. Toen Annie een poosje later riep: 'Jongens, eet dat brood nou op, anders komen jullie te laat op school' sprak Ernst: 'Mevrouw, wilt u niet zo autoritair tegen mij praten.'

Nu tuimelt Annie daarvan niet uit haar stoel, want het woord ligt ook Hansje voor in de mond. Hij behoort tot de kritische clan van Ernst, die op school de zenuwinzinkingen der leerkrachten regelt door onophoudelijk protestacties te voeren, huiswerkstakingen uit te roepen, circulaires over druggebruik uit te delen, het ontslag te eisen van een juffrouw die verkeerd les geeft of een dag weg te blijven omdat de Kabouters hulp geboden moet worden bij het kraken van panden. Hansje kraakt dapper mee en komt, aan het einde van zo'n dag bij pa en moe, die een riant ingericht grachtenhuis met tien kamers bewonen. Maar het zou flauw zijn hem dat voor de voetjes te werpen, want de anarchist Peter Kropotkien, de heilige van Roel van Duyn, werd geboren in een kasteel omdat hij een prins was en dat kon die man ook niet helpen. 'Hansje was een idylle,' zei Jan daar in dat koffiehuis. En toen vertelde hij me dit touchante verhaal.

Daar op dat Italiaanse strand ging Hansje eerst spelen met de zandvormpjes van zijn zusje. Toen verzamelde hij schelpen, legde ze netjes op een rij en zei tegen zijn ouders: 'Ik had een winkel. En jullie kwamen kopen.' En dat deden ze, een beetje geroerd.

Want ze begrepen wat er met hem aan de hand was.

Op dit strand, ver van Amsterdam, ver van de school en ver van de harde discipline in de clan van Ernst hoefde hij niet stoer en grimmig boven zijn macht te tillen. Hij mocht, zonder te worden uitgelachen, gewoon een kind zijn en die weelde deed hem terug vallen in een vroeger stadium.

Want winkeltje spelen doet een jongetje van vijf.

Hij is nu weer naar school, waar de acties wachten.

En waar hij over zijn fijne schelpenwinkeltje zal moeten zwijgen als het graf.

Dit verhaal is niet van mezelf. Ik schreef het woordelijk op uit de mond van een arts in een provinciestad.

De patiënt lag, onder narcose, op de operatietafel, half afgedekt onder een blauw laken. Alleen het gedeelte van het lichaam waaraan gewerkt werd, was zichtbaar in het felle licht van de grote lamp. De chirurg sneed, laag voor laag, de buikholte open. Daarna werd de wond met instrumenten opengehouden. Bloedvaten werden afgeklemd of dichtgeschroeid. Eén rechte snede legde de blaas van de man open. De hevige spanning van zo'n team duurt, tot de oorzaak van de ziekte is weggenomen.

Als dit gedeelte goed verlopen is, zakt de spanning merkbaar. Dan wordt er onder het verder werken wat gebabbeld over luchtige onderwerpen en valt er wel eens een mop.

In het team is zuster Anita de jongste.

Een mooi meisje van twintig, ondanks alle toestanden die ze dagelijks in de operatiekamer meemaakt, erg onbevangen en ontwapenend onschuldig. Tijdens haar werk denkt ze voornamelijk aan volksdansen, dat ze erg mooi kan. En ze is voortdurend verliefd op een van de, jammer genoeg allemaal solide getrouwde artsen. In de operatiekamer stond ze, vlak bij de gapende wond boven het geslachtsdeel van de patiënt, met het uiteinde van een soort pompje, want haar taak was het, met dit toestel, het uit de wond vloeiende bloed en vocht weg te slorpen. Toen de belangrijkste ingreep was geschied en gelukt en het team wat ontspande, vroeg Anita aan de chirurg: 'Mag ik nu even zuigen?'

Ironisch antwoordde hij: 'Zuster Anita, in godsnaam, niet nú.'

Alle dokters begonnen daverend te lachen, wat zeer bevrijdend werkte in deze fase van de operatie. Ze begreep het niet. Onzeker keek ze van de een naar de ander, maar ze kon niets gewaar worden uit de blikken die de teamgenoten haar boven hun maskers toewierpen. Toen de hilariteit een beetje was gezakt, zei de anesthesist: 'Sneeuwwitje is lief.'

De chirurg werkte vlijtig voort aan zijn karwei. Zijn assistent zei: 'Ik wou dat ik een van de dwergen was.'

Geconcentreerd ging het werk door. De chirurg schoof een catheter door de penis van de patiënt naar binnen en zei: 'U bent een van de dwergen. Zuig nu maar, zuster Anita, maar wel voorzichtig alstublieft.

Ze keek naar de ogen van de mannen rondom de tafel, hanteerde het reutelend apparaat en zei: 'Ik wacht maar op de prins, denk ik.'

De anesthesist keek naar haar en antwoordde: 'Lieve zuster Anita – ééns komt hij en zal je wakker kussen.'

De rest van de operatie was routinewerk, dat hoofdzakelijk door de assistent en de hoofdverpleegster werd uitgevoerd. De chirurg gaf nog wat aanwijzingen.

Een dag later kwam ik zuster Anita tegen op het strand. We liepen samen op.

De wind speelde met haar warrig haar.

'Waarom moesten ze toch zo lachen om wat ik zei?' vroeg ze.

Meeuwen zeilden met overslaande stemmen boven onze hoofden. Ik aarzelde. Wat moest ik doen? Ze had die vraag op de man af gesteld. Ze wilde antwoord. Ik zei: 'Eigenlijk moest je eerst door je prins worden wakkergekust.'

En toen legde ik haar uit waarom er zo gelachen werd.

Een tijdje hoorde ik alleen maar het knerpen van de schelpen onder onze voeten en het ruisen van de branding. Toen kneep ze even in mijn hand en zei: 'Dank u voor de uitleg. Ik ben wel heel erg groen, vindt u niet?'

'Nee hoor,' zei ik. 'Je bent alleen maar Sneeuwwitje.'

Na het televisiejournaal van acht uur ging de telefoon. Ik draaide het geluid uit, pakte de hoorn en riep mijn naam.

'Met mevrouw de Jong,' hoorde ik. 'U kent mij niet. Maar ik zou u een informatie willen vragen.'

Het was een warme, sonore stem, die zorgvuldig articuleerde. De leeftijd viel moeilijk te schatten. Geen jonge vrouw.

'Het betreft de heer Driessen. Die kent u he?'

Ja, ik ken de heer Driessen – in werkelijkheid heet hij natuurlijk anders – al vele jaren. Een welgemanierde, wat verlegen weduwnaar, in de zestig, gefortuneerd en de bewoner van een riante flat. Hij bezoekt me wel eens, na telefonisch belet te hebben gevraagd en hij brengt me dan, wat hij noemt 'm'n aardigheidjes'. Dingetjes die hij heeft gezien of gehoord. Meestal érg goed, want hij beschikt over een subtiel gevoel voor humor. Maar het komt ook voor – en dan is zijn stem schril – dat hij door de telefoon roept: 'Duik onmiddellijk onder. De ss zal vannacht een inval bij u doen.' Dan hééft de heer Driessen het weer. In de oorlog leed hij zwaar. De doden zijn begraven of verbrand. Maar er lopen ook nog levende slachtoffers op straat, tussen de voorbijgangers. Hij is er één van. Als hij onder de herinneringen bezwijkt, wordt hij tijdelijk krankzinnig.

'Ja ik ken de heer Driessen,' zei ik.

'Ik heb hem jaren geleden, voor het eerst ontmoet,' zei mevrouw de Jong. 'Ik had toen een geestelijk wat moeilijke periode in mijn leven. Ik verbleef in een inrichting om genezing te vinden. Die vónd ik, want ik had de kracht. De heer Driessen was toen ook in die inrichting. We sloten vriendschap. Hij is een zeer goed mens, met een groot hart.'

'Ja, dat is waar,' zei ik.

Vorige zomer ontmoette de heer Driessen, in de buurt van de Dam, vier Engelse jongelui. Hij praatte wat met hen. Toen hij hoorde dat ze geen onderdak hadden, gaf hij ze de sleutel van zijn flat. Engelsen moet men toch helpen, nietwaar? Onze bevrijders! De jongelui trokken in de flat en lieten de heer

Driessen niet meer binnen. Hij nam toen maar een kamer in een hotel. Toen ze een maand later vertrokken waren, was de flat een ruïne. Vooral het stoken van vuren op de grond, had de parketvloeren geen goed gedaan.

'Ik wou zo graag weten waar de heer Driessen is,' zei mevrouw de Jong. 'Hij heeft me namelijk een prentbriefkaart gestuurd uit Amsterdam, waarop hij alleen "Dág" en zijn naam had geschreven. Dat doet hij altijd, als hij in nood is. Zo vraagt hij om hulp. Die wil ik hem zo graag geven. Maar de telefoon wordt niet opgenomen. De buren hebben hem al weken niet gezien. In Paviljoen III is hij niet en in de Valeriuskliniek evenmin. Waar dan? Hebt u nog recent contact met hem gehad? Ik wil hélpen.'

'Mijn recentste contact was vijf weken geleden,' antwoordde ik. 'Hij belde me toen op van het politiebureau, waar hij was heengebracht, omdat hij op het Rokin had geprobeerd, een daar geparkeerde auto met een Duits nummerbord, met zijn wandelstok te vernielen. Maar dáárover belde hij me niet. Dat vertelde hij maar terloops. Hij wou me vooral melden dat de Duitsers het Rijksmuseum hadden omsingeld.'

'Ach, dan is hij weer helemaal hyper manisch,' riep mevrouw de Jong. 'De arme man! Als ik maar wist waar hij nu is.'

'Misschien krijg ik hem weer aan de telefoon,' zei ik. 'Dan zal ik vragen, waar hij verblijft. Kan ik u opbellen?'

'Ja, graag,' zei ze. En ze gaf me een nummer buiten Amsterdam.

'Is dit uw huisadres?' vroeg ik.

Wat wrang antwoordde ze: 'Ja, min of meer... Het is...'

En ze noemde de naam van een groot krankzinnigengesticht en voegde er aan toe: 'Maar u moet er wél bij de verpleger op aandringen, dat hij de boodschap meteen aan me doorgeeft, want dat wordt hier nogal eens vergeten.'

In Limburg

I

Dit schrijf ik u in Limburg, gezeten aan de Maas, waar niemand nog iets aan het vergezicht heeft verpest.

Het is nog een schone, moederlijke rivier, die een eindje verderop een stellig onnodige, doch sierlijke bocht maakt. Trage plof plof plof boten gaan voorbij. Aan de overkant schilderde de schepping het gras hel groen, de bomen in de verte blauwig, twee boerderijen vuil rood en de immense lucht wat grijs. Maar geen droevig grijs. Er tekent zich, een héél eind weg, de spits van een kerktoren tegen af.

Daar wonen mensen.

Misschien gaan ze nog wel naar de mis.

Limburg, moet u rekenen.

Daar staan nog crucifixen langs de weg.

Roodbonte koeien wachten roerloos onder een boom, zoals dat behoort. Een stevige oude man, in een blauwe trui, zit te vissen. Zijn rug zegt duidelijk: 'Jullie kunnen het me allemaal dóen. Ik vis.'

Gelijk heeft-ie.

Ik heb het ochtendblad maar vluchtig beroerd. Gewoon hier zitten is genoeg. Of we – als u dit onder ogen krijgt – al een regering hebben, weet ik niet. Doch het moeizaam timmeren aan het kabinet volg ik niet meer ademloos, ofschoon ik de democratie bemin. Maar ik ben allang de draad kwijt en weet niet meer wie bij wie geweest is, om de hoeveelheid water te tonen die hij bij zijn wijn wil doen, als de ander bereid is een kluif die hij de kiezers beloofde op te eten.

Politici beloven nu eenmaal meer dan ze ooit waar kunnen maken. Dat is hun vak en de kiezer weet het. Ze roepen: 'Jullie krijgen allemaal een Mercedes' en dan draait het uit op een dinky-toy. En dat is maar goed ook, want waar moeten we heen met al die Mercedessen?

Gezeten aan de lieve Maas, denk ik: 'Als u en ik dat nu ook eens deden?'

Ik bedoel – iets wel beloven, maar het niet geven.

Piet is jarig en u zegt tegen hem: 'Proficiat, jongen. Je krijgt van mij een bandrecorder.'

Piet blij, natuurlijk.

Maar hij krijgt 'm nooit.

Want u belooft het wel, maar net als de politici, komt u de belofte niet na. Als u dat nu doet met alle verjaardagen, met Sinterklaas, met Kerstmis, met vaderdag, met moederdag en met de jubilea, bespaart u in een jaar genoeg geld om drie weken naar de Canarische eilanden te gaan.

Nou ja, u hoeft van mij niet naar de Canarische eilanden, hoor.

U is geheel vrij om te doen met het geld wat u wilt.

Want ik kén dat: u gaat naar de Canarische eilanden en dan regent het en het hotel valt tegen en u krijgt buikloop van het eten en uw koffer wordt gestolen en dan komt u bij mij en roept: 'Nou zeg, jij met je Canarische eilanden. Dat was een reuze sof!'

Er komt een hele mooie, witte motorboot voorbij, bestuurd door een man van mijn leeftijd, met een kapiteinspet op zijn hoofd. Op zijn gezicht staat weer te lezen: 'Jullie kunnen het me allemaal dóen. Ik vaar.'

Ik staar hem na en voel de zonde der afgunst in mij opkomen.

U kunt van dat gespaarde geld natuurlijk ook naar de Italiaanse Rivièra gaan.

Die is een beetje smoezeliger dan de Franse, maar wel mooi, hoor.

Of ga naar IJsland.

Annie M. G. Schmidt is er eens heengereisd om een reportage te maken over de televisie aldaar. Toen ze er arriveerde bleek, dat ze er geen televisie hádden. 'Dat was dan dat,' schreef ze. Ik zeg het er maar even bij. Voor de televisie hoeft u er dus niet heen.

Trouwens, van mij hoeft u nérgens heen. Misschien is u wel spaarzaam van natuur. Pot het dan maar op. 't Zijn per slot uw eigen centen.

Het stadje Tegelen op zondagmiddag. Op het plein, waar de kerk hoog oprijst, zijn we uit de bus gestapt, want ik wil eens nagaan, hoever men hier is met de voorbereiding der passie-spelen.

Tegenover de kerk staat een kroeg.

In het zwart geklede mannen, die onduidelijke versierselen op de revers dragen, zitten aan een lange tafel te drinken. Ze blijken van de harmonie te zijn. De waard is een Pool, die, toen hij Limburg met de wapens in de hand had bevrijd, van zijn plan weer eens naar zijn vaderland terug te keren, werd weerhouden door de charmes van een Tegelens meisje, dat nu, als de stralende moeder zijner kinderen, naast hem achter de tap staat. Hij zegt dat hij John heet en dat de rest te moeilijk is. Gisteren werd hij vijftig en hij is, met het glas in de hand, bezig Abraham ándermaal te ontmoeten. Als ik hem naar de passie-spelen vraag, zegt hij mij van de televisie te kennen en stelt, na enig nadenken vast, dat ik Johan Bodegraven ben. Een aardig succesje in Limburg, waar iedereen naar Duitsland kijkt.

'U is warm,' zeg ik.

Zijn vrouw merkt op, dat het vroeger mogelijk was deelnemers aan de spelen aan haren en baarden te herkennen, maar nu niet meer, omdat ook de buitenkerkelijken de boel op kin en schedel de vrije loop laten. In Tegelen zijn de bezwaren tegen langharigheid dus anders van snit dan in Amsterdam. Een privilege van uitverkorenen is er genaast door Jan en alleman.

Een der in het zwart geklede mannen komt, wat onvast van tred, naar de tap om te betalen.

Als de waard hem trots verzekert, dat hij niemand minder dan Johan Bodegraven in huis heeft, zegt hij, in zuiver Nederlands: 'Al wat ik weet, is dat ik hier in 1930 ben komen wonen en dat ze me nóg niet accepteren. Ik ben maar surrogaat. Da's Tegelen.'

Daar de waard, die een zeer hartelijke man is, ons in de tweede viering van zijn vijftigste verjaardag betrekken wil, raken we, zo vroeg in de middag, in de alcoholische gevarenzone. Vriendelijk doch vastberaden maken we ons uit de omhelzing zijner gastvrijheid los en belanden, even later, in een ander café.

'De nieuwe Jezus staat, geloof ik, nog niet vast,' zegt een oude man, als ik hem naar de passiespelen vraag. 'De Judas wél. Da's dezelfde van de vorige keer. Hij werkt bij de elektriciteit. En hij speelt de Judas graag.'

Ook in Tegelen zijn mensen raadselachtig.

'De vorige Jezus was een bouwvakker,' zegt de man. 'Je moet er een sterke kerel voor hebben. Al dat slepen met dat zware kruis. En dat staan. Daar lijdt zo'n man veel van.'

We drinken eens uit en lopen naar de bushalte.

Even later komt een jongeman naast ons staan.

Hij heeft tot op de schouders neerhangend haar, een mooie verzorgde baard en grote, onbedorven ogen.

De nieuwe Jezus?

Ik vraag hem, of hij meedoet aan de passiespelen en hij antwoordt: 'Nee, ik ben niet van hier. Ik zwerf een beetje, weet je wel. Ik ga nou naar Velden. Daar loopt vandaag de kermis af. Beetje helpen, met afbreken. Daar verdien ik dan genoeg mee, om weer wat te zwerven. Overal waar mensen zijn, weet je wel.'

In de bus zitten we tegenover een man, die desgevraagd antwoordt, dat de passiespelen in Tegelen mooi zijn, maar niet zo mooi als in Oberammergau, waar hij ze ook eens aanschouwde. Ik las laatst dat, na de nederlaag van Hitler, een Amerikaanse kolonel, in Berlijn geplaatst, de taak had het Duitse theaterleven weer wat op poten te zetten. Er kwam iemand uit Oberammergau, met het voorstel de passiespelen te hervatten. Hij vroeg erbij of het goed was dat Jezus, net als vroeger, zou worden gespeeld door Anton Lang. Nu was de heer Lang een heftig nazi geweest. De kolonel was een jood, in Duitsland geboren en voor Hitler naar Amerika gevlucht. Hij zei: 'Goed, als jullie échte spijkers gebruiken.'

III

In het hotel aan de Maas, waar we een week woonden, verbleef, toen we er op zaterdag arriveerden, nog een echtpaar uit het westen. De vrouw schatte ik op dertig. Ze was mooi, in een waas van weemoed. De man, minstens twintig jaar ouder, had het aplomb van iemand die gewend is te worden gehoorzaamd. Hij trok de opmerkzaamheid van kelners, door in zijn handen te klappen en proefde aan tafel de wijn vóór, of hij een sacrale handeling verrichtte. Ze keek daarbij toe met een zwijgen, dat erg welsprekend was. Veel conversatie hadden ze niet. De man verschool zich, als hij niet gulzig at of minutieus proefde, meestal achter 'Het Financieel Dagblad' waarin blijkbaar zeer veel te lezen stond. Zij staarde naar de Maas, die zich daartoe erg goed leent.

Op maandag was de man verdwenen. Naar zijn machtig werk, denk ik. Ze zat nu alléén op het terras waar ik werkte. Het zoontje van de hotelier kwam, nogal ondoorgrondelijk verkleed, naar buiten. Toen ik hem vroeg wat hij voorstelde, zei hij: 'Ridder, natuurlijk,' op zo'n toon van: 'Sufferd, zié je dat niet?' Ik lachte en de vrouw ook. Zo kwamen we in gesprek. Ze had een zachte, wat bedeesde manier van praten, die geheel bij haar omfloerst uiterlijk paste.

'Wij hebben geen kinderen,' zei ze. 'Mijn man heeft, in zijn vorig huwelijk nogal onaangename ervaringen opgedaan met zijn zoon.'

'Ach...' zei ik.

Die zoon zag ik vóór me.

Als je vader in zijn handen klapt om een kelner te ontbieden en zo'n volstrekt potsierlijk nummer opvoert met een slok wijn in zijn mond, ga je natuurlijk minstens in een commune wonen en tracht daar te vervuilen.

'Och ja, kinderen...' zei de vrouw, met een glimlach kijkend naar de ridder die op het grasveld voor het terras, zeer krijgshaftig doende was. 'Mijn vader is een maand geleden gestorven, vrij kort na mijn moeder. Zijn dood bracht mijn kindertijd tot leven. Toen ik een meisje van vijf was, hield hij een dagboek bij. Dat heb ik nooit geweten. Ik vond het tussen zijn papieren.'

Ze opende haar tas en haalde er een oud schoolschrift uit.

'Zal ik u er een stukje uit voorlezen dat me erg getroffen heeft?' vroeg ze.

'Graag,' zei ik.

Ze opende het schrift en las: 'Toen ik mijn kleine dochter na haar eerste dag op de kleuterschool kwam halen, ontwaarde ik haar, stevig omklemd door een kleine jongen, die haar aan mij afleverde met de woorden: "Dag meneer, ik ben Paultje en zij mag nu nóóit meer aan een ander kindje een handje geven." Mijn dochter is een geboren Cleopatra.' (Hierbij keek ze mij aan met een verontschuldigende glimlach, die haar goed stond). 'Ze liet zich weinig uit over haar verovering en scheen het de gewoonste zaak van de wereld te vinden. Een en ander scheen zich toch wel zeer snel voltrokken te hebben, want vanmorgen, tien dagen later, had de eerste ruzie plaatsgevonden. Mijn dochter liep sfinxachtig hoogmoedig te zwijgen en Paultje sjokte mismoedig met mij achter haar aan. Hij bleek een kleurkrijtje van een ander jongetje ontvreemd te hebben, wat mijn dochter hem hoogst kwalijk scheen te nemen. "Trek het je niet aan, Paul," zei ik. "Morgen is ze het weer vergeten." Hij riep: "O nee, meneer, dan kent u haar niet. Ze praat vast dagen lang niet met me en daar kán ik niet tegen." En na een korte pauze: "Ik ben al aan het sparen voor een auto en een huis." Ik vroeg: "O ja, gaan jullie dan trouwen, later?" Maar hij had zeven broertjes en zusjes en antwoordde: "O nee, meneer, trouwen doen we niet want dan moet ze ieder ogenblik naar het ziekenhuis om een kind te krijgen en ik kán haar niet missen." '

Ze sloot het schrift.

'Ik herinner me er niets meer van,' zei ze. 'Van Paultje niet. En van zijn liefde niet. Maar curieus, nietwaar, dat er iemand op de wereld rondloopt, die zo verschrikkelijk veel van me gehouden heeft.'

'Ja, curieus,' zei ik.

IV

De oostarm van de kruisgang in de Basiliek van Onze Lieve Vrouw te Maastricht herbergt de schatkamer.

Je mag er in als je voor twee kwartjes een kaartje koopt bij een oude man die achter een tafeltje bij de deur zijn levensavond geduldig uitzit.

Hij heeft het niet druk.

Ik ben vanmorgen zijn derde klant. De twee anderen zijn een moeder met haar zoontje van een jaar of negen. Dat hij zich bij het romantische woord 'schatkamer' iets anders heeft voorgesteld dan hier te zien valt hoor je duidelijk aan de commentaren van zijn wat schelle stem waarop de moeder met haar 'sst' vergeefs een dempertje tracht te plaatsen. Zij bevindt zich kennelijk op een plaats waar eerbied tot fluisteren maant en bekijkt aandachtig de uitgestalde paramenten en altaarbenodigdheden.

Maar het jongetje roept: 'Kijk eens man, wat eng.'

Hij bedoelt een doos waarin, achter glas, een wit botje op fluweel ligt.

'Dat is toch niet eng,' antwoordt ze. 'Dat is gewoon een botje van de heilige Petronella.'

'En dát daar,' zegt hij.

Zijn toon is vol walging en zijn vinger wijst naar een pompeus ingelijste tand met bijbehorende wortel.

'Da's een tand van de heilige Nicolaas,' zegt de moeder.

'Wat hadden ze vroeger gekke grote tanden,' vindt het jongetje.

Ook de botten van de heilige martelaren van Trier komen niet overeen met zijn opvatting van het begrip 'schatten' en de eikehouten arm die, alwéér, een zeldzaam beentje blijkt te bevatten keert hij al gauw de rug toe met de woorden:

'He, laten we hier nou wéggaan.'

Voor hem geldt de uitspraak van Fons Jansen die zei: 'Relikwieën zijn losse onderdelen van heiligen.'

Ik kan het wel met hem meevoelen.

En als ik dan ook nog in een door het oude mannetje bij de deur verkochte beschrijving lees dat de echtheid van vele uitgestalde botjes op z'n minst betwijfeld moet worden, maar dat ze niettemin 'spreken van geloof en vertrouwen', voel ik me in deze schatkamer wel in hoge mate een onbevoegde indringer, die maar beter kan opdonderen.

En dat doe ik.

Langzaam loop ik door de zeer schone, geheel uitgestorven kerk.

Bij de biechtstoel liggen op de grond smoezelige papiertjes, waarop gedrukt staat: 'Testimonium confessionis sacramentalis in ordine ad matrimonium. Trajecti ad Mosam. Confessarius.'

Wat de papiertjes betekenen of betekend hebben kan ik niet doorgronden.

Maar ik vermoed dat ze indertijd niet werden gedrukt om hier op de grond te liggen.

Ik loop de kerk uit.

Aan de straat bevindt zich het 'miraculeuze beeld van Onze Lieve vrouw, sterre der zee.'

Terwijl ik er naar kijk, komt een oude man aanfietsen die, naar zijn uiterlijk te oordelen, lange tijd in 'ons Indië' heeft doorgebracht. Hij heeft zeer treurige ogen. Voorzichtig stapt hij af, zet de fiets tegen de muur, komt naderbij en ontsteekt een kaars van dertig cent voor het beeld.

Daarna knielt hij neer, vouwt de handen en begint onhoorbaar te prevelen.

Na een tijdje komt hij weer overeind.

Hij haalt een ouderwets beursje te voorschijn en loopt naar de muur waarop twee ijzeren busjes hangen, een voor gevraagde gunsten en een voor verleende gunsten. In het eerste busje doet hij een kwartje. Dan stapt hij op de fiets en rijdt weg.

Ik hoop maar dat het helpt, want hij ziet er uit als iemand die dringend om wat gunsten verlegen zit.

Mensen – groot en klein

I

Ochtend. Ik zit rechtop in bed en kijk uit het raam. Bewolking met kans op regenbuien. Er zal wel weer een van de depressies, waarover Frits Thors zo onderhoudend weet te vertellen, op weg zijn naar ons land, want dat doen ze onophoudelijk. Het boeiende van ons klimaat vind ik dat het bij machte is vier seizoenen in één week te leveren. Ik loop met de kleren die ik aan doe altijd een seizoen achter. Maar er zijn erger dingen. Om dit te illustreren legt mijn vrouw de post naast me neer. Bovenop: twéé overlijdensberichten met grijze randjes. 'Een leuk binnenkomertje' noemen vakkomieken dat. Ik open het eerste overlijdensbericht, lees de naam en denk: 'Wie was dat ook weer?'

Na een minuut heb ik hem thuisgebracht. Joop. Ik wist niet dat hij zo'n stoet voornamen had. Hij kwam twintig jaar geleden, toen ons huis nog veel weg had van een druk beklant café met volledige vergunning, vaak bij ons over de vloer. Een vrolijke, romantische jongen met een onuitputtelijk vermogen om verliefd te worden. En een trouwer – telkens maar weer. Hij leek op een tractor die een gestadig aangroeiende reeks alimentaties sleept. Een begrotelijk leven, ofschoon het me leuk lijkt telkens weer zo verliefd te wezen. Want dat gevoel is een verheven soort koorts, die het bestaan plotseling zin geeft. Die Joop. Toen hij naar Rotterdam verhuisde, met zijn vierde duifje, verloren we hem uit het oog.

En uit het hart.

Zo gaat dat.

Er zullen heel wat vrouwen komen schreien op zijn graf want ze bleven hem, ondanks alles, beminnen. Zo'n soort jongen was hij. Ik ga niet naar zijn begrafenis. Op mijn leeftijd moet je scherp selecteren, anders kun je wel op het kerkhof gaan wónen.

'De volgende alstublieft,' zegt de dokter altijd.

Déze ontslapene kan ik meteen traceren, want ik heb hem

drie dagen geleden nog op straat zien lopen. Hij was op die datum – zo lees ik – op weg naar het noodlottig ongeval, dat hem zou vellen, vierenzeventig jaar oud.

Een lieve man, altijd opgewekt, ofschoon hij daartoe niet de geringste aanleiding had, want het leven behandelde hem harteloos en maakte hem arm, ziek en eenzaam.

Waarom toch?

Hij deed nooit een vlieg kwaad en hij gaf alle kinderen uit de buurt snoepjes, omdat hij zo van kinderen hield. Maar toch deed het lot ramp na ramp neerkomen op zijn schuldeloos hoofd. Hij zal wel doodgereden zijn door een frauderende procuratiehouder, met zijn bijzit in een Alfa Romeo op weg naar een onnodige orgie.

Vierenzeventig jaar. Een mooie leeftijd, noemen ze dat.

Hij stuurde me vaak brieven en lange rijmen over kabouters en feeën, om voor te lezen aan mijn kleinkinderen. Vorige week deed hij een pocketboekje bij me in de bus, omdat hij het met zoveel genoegen had gelezen. Ik dacht, toen ik hem op zijn sterfdag aan de overkant op straat zag lopen: 'Laat ik hem even bedanken.'

Maar het voetgangerslicht lijmde mij vast met rood.

De kleur van het gevaar.

De derde brief is afkomstig van het letterkundig maandblad 'Maatstaf'. Er staat in: 'We zijn op het idee gekomen een aantal auteurs in ons blad hun eigen necrologie te laten schrijven. Zou jij dat ook willen doen?'

Vandaag blijf ik maar in bed.

't Is allemaal te link.

II

Een joodse godsdienstleraar aan het woord: Ik geef les aan een groep elfjarigen.

Gisteren vertelde ik over Aäron en Mozes. Ik zei dat ze de joden uit Egypte wilden halen door het verrichten van wonderen en ik vertelde over de ter aarde geworpen stok, die veranderde in een slang. Ernstig vroeg een meisje: 'Meneer, gelóóft u dat nou allemaal?'

Het was vrij druk in het kleine café, waar ik de zegen der ochtendbladen op mij neer liet dalen. Ik zat vlak bij de tap. Er kwam een zeer oude man binnen, die zijn breekbare gestalte voorzichtig, op duidelijke platvoeten, vervoerde naar het tafeltje naast mij, dat nog vrij was. Hij ging zitten en riep: 'Ober. Aánneme.'

De jonge kelner antwoordde: 'Rustig. Ik heb maar één lichaam.'

De oude keek mij aan.

'Dat mooie dienstbetoon van vroeger is er niet meer bij,' sprak hij. 'Ik heb veertig jaar als chef de rang gestaan in een van de fijnste restaurants van Amsterdam. Na de dood van meneer is er een beddenwinkel in gekomen. Maar voor zo'n antwoord als die jongen gaf zouden wij in die tijd ontslagen zijn.'

Er kwam een weerbarstig kijkend mandier binnen, ging aan de tap staan, bestelde een pils en begon te praten over een recente voetbalwedstrijd op een toon of hij de uitslag beschouwde als een persoonlijke belediging. De kastelein knikte maar wat. Toen de man weer weg was, zei de oude: 'Voetballen. Ik begrijp niet dat de mensen er zo mee weglopen. Ik vind er niks aan. Ik heb vroeger heel wat wedstrijden gezien in het stadion, maar ik verveelde me er blauw. Het gejuich hield me wakker.'

'Maar waarom ging u er dan telkens weer naar toe?' vroeg ik, want dat leek me een goeie vraag.

'Ik ging met me baas, he,' zei hij.

'O, uw báás was gek op voetballen,' begreep ik.

'Helemaal niet,' antwoordde hij. 'Die was alleen maar gek op wijven.'

Hij zweeg.

'Ik begrijp het niet,' zei ik.

'Nou, 't zat zó,' sprak hij. 'Meneer dreef de zaak samen met mevrouw. Nou wist mevrouw wel dat meneer wel eens vreemd wilde gaan. Ze was nogal jaloers van natuur, dus ze hield hem in de gaten. Maar één ding heeft ze nooit doorgehad.'

'Wat dan?' vroeg ik.

'Dat hij niet van voetballen hield, net als ik,' antwoordde hij. 'Dat zei hij maar. Dat hij er zo dol op was. En dat-ie geen wedstrijd in het stadion wou missen. En ik moest er ook dol op wezen, van hem. Hij zei tegen mevrouw: "Ik ga vanavond naar het stadion en Hendrik mag mee." Ik heet Hendrik, ziet u. En dat vertrouwde mevrouw wel. Twee mannen die gek zijn op voetballen en daarom telkens naar het stadion gaan – daar kon ze wel inkomen. Je had toen die televisie nog niet. Nou, op zo'n avond reed meneer mij naar het stadion. Daar gaf hij me de kaart en een tientje. Want ik kreeg er altijd een tientje voor – dát wel. En dan zei meneer: "Als 't afgelopen is dan ga je maar naar dat café daar en je drinkt maar wat je wilt, ik haal je wel op." En dan ging hij naar een wijffie toe dat hij gekamerd had. Ik moest naar die rotwedstrijd kijken. Want als hij me weer ophaalde moest ik hem verslag doen. Wie de doelpunten hadden gemaakt en zo. Ja. In het restaurant gekomen ging hij mevrouw dan vertellen wat een mooie wedstrijd het was geweest. Dan zei hij: "Die ene hoekschop – onhoudbaar, he Hendrik?" En dan zei ik: "Ja mevrouw – onhoudbaar." Zo bleef ze geloven dat hij dol was op die sport.'

Hij schudde wrevelig zijn ouwe hoofd.

'Ach, ik kreeg er een tientje voor,' zei hij. 'Maar ik zat me te verkrengen op die tribune. Voetballen? Stomvervelend, meneer. Geef mij maar een mooie operette.'

IV

De taxi die me door Amsterdam reed, stopte in de Vijzelstraat voor een rood licht. Er stak een bonte stoet over. Jeugdige toeristen in volledige vakantiebepakking en kénnelijk Amerikaanse echtparen op leeftijd, door vermoeienis getekend bezig aan hun laatste droomreis.

'Vreemdelingen...' zei de chauffeur. 'Een enkele keer word je er wijzer van. Maar meestal niet. Als je op het Leidseplein aan de paal staat, stappen ze in en willen naar het Rijksmuseum. Een ritje van twee piek. Meestal zeg ik: "Ga maar lopen." Dat ken ik in vier talen.'

Het licht werd groen en hij reed door.

Hij was een jonge, atletische man, van hoofd tot voeten een Amsterdammer, die de lastige stad op zijn slofjes aankan.

'Weet u waar ik het meest aan verdien?' vroeg hij.

'Aan Duitsers,' gokte ik. Want die geven geld uit.

'Nee,' zei hij. 'Aan de innemers en aan de temeies. Als een vent de kroegen af wil en je overal laat wachten of je mee naar binnen neemt voor een cola'tje, heb ik een mooie opsteek, want m'n koffiemolen draait wel door. En als een vent instapt en zegt: "Breng me maar eens naar een mooi wijf," dan zit ik óók goed.'

'Gaat u dan naar de Walletjes?' vroeg ik.

'Nee, nee,' antwoordde hij. 'Daar loopt-ie uit mijn hand. Nee, ik heb particuliere adresjes. Ik bel eerst zo'n vrouwtje op. Of het gelegen komt. En dan breng ik zo'n man er heen. Honderd piek. Vijf en twintig voor mij. En als-ie iets ánders wil – twee wijven, of wat dan ook, ik heb het allemaal in voorraad. Goeie handel. Maar soms is het wel eens moeilijk.'

'Wat dan?' vroeg ik.

'Nou ja – hij zegt: "Breng me naar een mooi wijf." Maar wat is een mooi wijf? Ik weet wel, wat ik mooi vind. Maar smaken verschillen, nietwaar? En ik heb nog geen geïllustreerde katelogus in m'n wagen liggen. Dus ik ga maar een beetje vissen, bij 'm. Waar hou je van? Een dikke, een dunne, een blonde, een zwarte? En dan handel ik naar bevind van zaken. 't Blijft gokken. Want als zo'n man de trap op komt en zegt: "Nee, dié mot ik niet," sta ik mooi voor joker en dat vrouwtje ook. Die ziet vijfenzeventig piek glippen.'

Hij grijnsde breed en ontspannen.

'Ach,' zei hij, 'je kan nog eens láchen. Want de temeies in Amsterdam zijn bijna allemaal tof, hoor.'

Hij zocht naar een illustratief voorbeeld. Het kwam: 'Laatst moest ik voorkomen, bij een kapsalon, vlak bij de Walletjes. Die wordt gedreven door een echtpaar en daar komen uitsluitend temeies. Ik kom binnen en roep: "Hier is de taxi." Een héle grote staat op, helemaal opgefrunnikt voor de dag. Ze loopt naar de deur, draait zich effe om, steekt d'r hand op en zegt: "Alle hoeren de mazzel. Dag mevrouw. Dag meneer." Da's toch een goeie?'

'Een zéér goeie,' zei ik.

'En gisteren had ik er een in m'n wagen,' zei hij. 'Een aardig wijffie. En tof. Ik moest haar naar d'r stekkie brengen, om het beroep uit te oefenen, want meer is 't niet voor die vrouwen. We wachten bij een stoplicht. Er steekt een aardig meisje in een blauw spijkerpak over, dat zo'n wagentje duwt van de posterijen. Die vrouw zegt tegen me: "Begrijp je nou, waar zo'n kind zin in heeft?"'

Hij schudde zijn hoofd.

Helemaal ernstig nu, zei hij: 'Die vrouw heeft een zoontje van zes. Daar is ze dol op. Maar de kinderbescherming wil hem van haar wegnemen. Ze vecht er tegen. Ze zei tegen me: "Als ze hem bij me weghalen, wordt-ie een pooier. En als ze hem bij me laten, wordt hij óók een pooier. Maar een pooier met 'n hart."'

V

Vanmiddag haalde ik mijn kleinzoon David uit school.

Hij had zijn peinzende gezicht, dat hij altijd trekt als hij worstelt met een probleem. Je moet dan rustig wachten tot het er uit komt. Na een poosje begon hij: 'Opa, weet je wat Inez in de klas tegen me zei?'

'Geen idee.'

'Ze zei: jij bent een boerenlul.'

Dit op zeer ernstige toon.

'En jij?' vroeg ik.

'Ik riep: jij bent ook een boerenlul.'

Ik zweeg. De affaire leek mij daarmee afgedaan. Maar niet voor hem.

'Ik riep het een beetje hard,' zei hij. 'Juffie had 't niet gehoord van Inez. Maar ze hoorde 't wél van mij.'

'En wat deed ze?'

'Ze zei: dat is een heel vies woord, ga maar naar het fonteintje op de gang om je mond te spoelen.'

Blijkbaar een ongeharde juffrouw, die nog opkijkt van de woorden die moderne kinderen zo vlot om zich heen strooien.

'En heb je dat gedaan?' vroeg ik.

'Ik ben wel naar de gang gegaan,' antwoordde hij. 'Maar bij

het fonteintje stonden twee grote jongens en die wilden mij er niet aan laten.'

'Dus je hebt niet gespoeld.'

'Nee.'

De zaak had dus een open einde. Een poosje liep hij zwijgend naast mij voort. Toen vroeg hij: 'Gaat 't daar dan van over?'

'Hoe bedoel je?'

'Als je spoelt, kun je dan niet meer boerenlul zeggen?'

Zijn stem klonk een beetje angstig. Ik kon er wel inkomen. Zijn taalschat groeit gestadig. En dan spoel je niet graag een pas verworven woord weg.

'Je kunt het toch, hoor,' zei ik, om hem gerust te stellen.

'Dus dat spoelen helpt niks.'

'Nee, niks.'

Weer liep hij een poosje stil aan mijn hand. Toen vroeg hij: 'Maar als 't niks helpt, waarom zegt juffie dan: ga op de gang om je mond te spoelen?'

Ik gaf hem maar mijn favoriete antwoord: 'Dat weet ik niet.'

Bloemen voor een blinde

Opgedragen aan Guus Oster

In Den Haag liep ik tegen middernacht met mijn vrouw door de Lange Houtstraat, die wemelt van vermaaksgelegenheden, wat te bemerken valt aan de neonlichten en de plekken braaksel op het trottoir. Voor één nachtclub bleef ik stilstaan en zei: 'Hier was vroeger in mijn jeugd de Haagse Kunstkring. Ik heb er als verslaggever vele avonden doorgebracht om iemand zijn toneelstuk te horen voorlezen dat nimmer zou worden opgevoerd, of een lezing te horen houden over "kunst en samenleving", want daar ouwehoerden ze toen óók al over. Kom, laten we binnengaan. Ik wil 't terugzien.'

'Nee...' riep ze, maar ik liep de trap al op. In de vestiaire zat een juffrouw, die te weinig buitenlucht kreeg, te passen op jassen die er niet waren. Nu had ze er tenminste twee van ons. Wij gaven haar leven inhoud.

' 't Is voetballen vanavond op de tv.' zei ze verontschuldigend. 'Moordend voor ons soort bedrijven.'

In de nachtclub die zich hulde in een knus bedoeld duister, bevonden zich één kelner en één moedeloze juffrouw aan de bar. Verder niemand. 't Leek op een groot familiegraf, dat door de doden was verlaten omdat ze er zich te zeer verveelden.

'Laten we nou weer weggaan,' zei mijn vrouw.

'Dacht je soms dat 't hier een Ila-winkel was waar je zonder iets gekocht te hebben uit kunt lopen?' antwoordde ik. 'Nee, dit is een nachtclub met een floorshow en op de mat bij de deur staat met onzichtbare letters: "Welkom, sukkels". Ga zitten.'

'Wat mag ik eens brengen?' vroeg de ober. ' 't Is stil vanavond. Voetballen he.'

Hij was middelbaar, had ongetwijfeld vroeger gevaren en in de havens héél wat afgelachen, maar dat kon je niet meer aan hem zien. Toen hij wegstapte om 'een puik wijntje' voor ons te halen zei ik: 'Hier was 't. Hiér. Ik heb dáár, in die hoek eens een man horen voorlezen uit zijn ongepubliceerde dichtbundel

"Bloemen voor een blinde." 'n Titeltje he? Zijn verzen deugden dan ook niet. Maar dat kon hij niet helpen. Dichten is gewoon te moeilijk. Een te hoge worp. En Jacques Bloem komt maar ééns per eeuw voor.

De kelner zette de glazen wijn voor ons neer, met een wrange lach.

'Jij geniet hier met volle teugen, he?' zei mijn vrouw tegen me. 'Dat is een erg morbide trekje in je.'

Ik knikte.

'Die paus van jou, he...' begon ik.

'Ach, barst jij,' riep ze. 'Mijn ouders waren katholiek. Maar ik heb, na mijn achttiende, geen voet meer in de kerk gezet en ik ben met biechten opgehouden zodra ik iets te biechten had.'

'Die paus dan,' zei ik, 'is een bidgraag iemand. Hij zou eens de zegen moeten afsmeken over alle stakkers die op de hele wereld in dit soort gelegenheden hun bitter stukje brood verdienen. Over de grijze muzikanten, die ééns hielden van hun instrument. Over de barjuffrouwen, die het gezwets moeten aanhoren van een op drift geraakte handelsreiziger, die zijn ledig hart uitstort bij haar...'

Ze stond op.

'Laten we nou weggaan,' zei ze.

'De floorshow begint zó,' sprak de kelner. 'U hebt er recht op. 't Slokkie is duur genoeg. De dame begeeft zich reeds naar de bühne.' De moedeloze juffrouw liet zich van de barkruk glijden en passeerde ons met een blik die zei: 'Ik wou dat jullie voor de deur door de bliksem waren getroffen.'

Er verscheen nu ook een jongmens dat de belichting moest regelen. Hij leek me een ernstig met zijn vader gebrouilleerde, hier wat schnabbelende student in de andragogie. Ik weet niet precies wat dat is en in de universitaire wandelgangen wordt gefluisterd dat niemand het eigenlijk precies weet maar verscheidene jongens studeren het en ze hebben net zulke 'wácht maar' ogen, als de belichter. Het doek ging op en onder het maken van met de danskunst verwante bewegingen ontdeed het meisje zich omslachtig van de textiel die haar tors bedekte en toonde ons haar onbeduidende borstjes, waartussen, aan een dun kettinkje, een gouden kruisje hing. Dit detail bereikte eindelijk de poëzie die in de kunstkring zo vergeefs werd nagejaagd. We applaudisseerden iel, betaalden veel en gingen weg. Buiten was het hevig nacht. Bloemen voor een blinde.

Het was druk in de kroeg. Ik zat aan een tafeltje bij het raam. Een lange, keurig in het maatpak gestoken man met een door-lijnd gezicht en grijzende slapen, die aan de tap stond te drin-ken kwam, met het glas in de hand, wat onzeker lopend naar mij toe en ging op de stoel naast me zitten. Hij keek me wazig aan en zei: 'Ik heb gedronken. Dat doe ik anders nooit. Ik hou er niet van. En drank maakt me loslippig. Maar ja, wat geeft 't allemaal.'

Hij nam een slok en grinnikte een beetje bitter.

'Ik zit met een raar probleem,' zei hij. 'Ik ben namelijk verliefd.'

Hij keek me aan of hij een klap verwachtte, maar ik ant-woordde: 'Nou, dat is toch prettig.'

Hij overdacht het.

'Ja,' besloot hij toen. 'Ik zou ongelukkiger zijn als ik het niet was. Da's waar. Wilt u iets drinken?'

'Goed,' zei ik.

Hij wenkte de kelner en onze glazen werden volgeschonken.

'Ze heet Heleentje,' sprak hij dromerig. 'Ik ben al geruime tijd verliefd op haar. Maar dat weet ze niet. En dat zal ze nooit weten ook. Want kijk – ik ben een vrijgezel van drie en vijftig jaar en Heleentje is negentien. Nogal een verschil, he? Proost.'

Hij hief het glas.

Zijn glimlach was vol zelfspot, maar zijn ogen waren erg bedroefd.

'Een maand of acht geleden is het begonnen,' vervolgde hij. 'In wat ze op die kantoren de lunchpauze noemen ging ik altijd naar een café in de buurt om een kop koffie te drinken. En op een dag was ineens Heleentje daar in dienst als serveerster. Ik werd op slag verliefd op haar. Wat dwaas, he?'

Ik zweeg.

'Weet u,' zei hij, weer op zo'n dromerige toon, 'ze is een klein meisje. En ze heeft lang, blond haar. Ik vind haar erg mooi. Maar ze is ook lief. Ze heeft een weerloze glimlach en een verlegen stem. Als ik in dat café ga zitten komt ze naar me toe om de bestelling op te nemen. Altijd hetzelfde. Ik zeg dan iets, over 't weer. Het weer kan me niks schelen, hoor. Maar ze zegt dan wat terug en ik hou zo van haar stem. Ze heeft ook prachtige dijen. Vindt u het smerig dat ik dat zeg?'

'Och, u hebt netvlies,' antwoordde ik.

Weer lachte hij zo bitter.

'Ja, bespot me maar,' riep hij. 'Ik verdien het. Hoewel ik me niet misdragen heb. Ik heb er genoeg aan haar elke dag – behalve zondag want dan is die zaak dicht – een uur lang te zien als ze haar werk doet en haar stem twee keer te horen. Ze lóópt ook erg mooi. Verder denk ik aldoor aan haar. Dat merkt ze toch niet. En 's avonds, als ik in mijn kamer zit, is ze bij me. Dat droom ik. Ik kan dat erg goed. En dan zeg ik: "Heleentje, zullen we naar de televisie kijken?" En dan zegt ze: "Dat is goed." Ze vindt altijd alles goed. En dan kijken we samen naar de televisie. Tot het bedtijd wordt. En dan kus ik haar en dan zeg ik: "Slaap maar lekker, Heleentje." En dan gaat ze slapen als een roos.'

Hij sloeg zijn glas achterover.

'Weet u waarom ik nou drink?' vroeg hij. 'Ik zal het u vertellen. Ik kom vandaag, tussen de middag, in dat café en daar bedient ineens een ander meisje. Een náár meisje. Hard, weet u. Ik vroeg aan die baas: "Waar is Heleentje?" En hij zei: "Die heeft ontslag genomen." En toen ik vroeg waar ze dan nou werkte zei hij: "Dat weet ik niet, hoor."'

Hij keek me radeloos aan.

'Begrijpt u?' riep hij. 'In die grote rotstad vind ik haar toch nooit meer terug?'

'Drink eens een glaasje van mij,' zei ik.

Cinque Terre

I

Bij de post was onlangs een stencil van wat idealisten, die bezorgd waren over het gebrek aan 'kommuniekaatsie'. Ik heb het stuk niet uitgelezen, want met lieden die het woord zó spellen heb ik al bij voorbaat geen communicatie. Het hele begrip vind ik trouwens onzin.

Mensen kúnnen elkaar niet begrijpen. Ze zijn er te ingewikkeld voor.

Bovendien veranderen ze telkens door de werking van klieren of hormonen en het opdoen van ervaringen die ze niet hadden voorzien.

Net als je denkt: 'Ik heb Piet dóór,' doet hij iets dat in het geheel niet past in het beeld dat je van hem vormde. Zoiets als mensenkennis bestaat dus niet en communicatie evenmin. Maar ik heb er vrede mee.

Ik zal u een sterk voorbeeld geven van de onmogelijkheid om iemand te schatten. Mijn vrouw en ik reisden naar Levanto, een plaatsje aan de Italiaanse Rivièra, niet ver van La Spezia. We gingen er heen omdat we er vroeger, met de kinderen een paar onvergetelijke vakanties hebben doorgebracht. We wilden het terugzien. Dat zal wel weer een ouderdomsverschijnsel zijn.

Het reisbureau in Amsterdam had met moeite een kamer voor ons besproken, want als het seizoen voorbij is, sluiten in Levanto de meeste hotels. Het plaatsje wacht dan, lui mijmerend, op het volgend voorjaar, als de harde valuta's weer komen aangereisd.

Toen we het stationnetje uitkwamen, stond er wel degelijk een taxi. Een oude, maar hij had vier wielen. Ik noemde de chauffeur het hotel, waar ik nooit eerder was geweest omdat het, toen we hier vroeger kwamen, nog niet bestond en hij begon te rijden – het plaatsje uit en de bergen in, hoger en hoger.

''t Lijkt me geen hotel voor voetgangers,' zei mijn vrouw. Ze had gelijk.

Halverwege de top van de immense berg stopte de chauffeur, want daar was het. We werden ontvangen door een uiterst vriendelijke middelbare juffrouw die alleen het Italiaans machtig bleek en ons onder deze taal der vogels rijkelijk bedolf, toen ze voorging naar de kamer, die verrukkelijk uitzag op het plaatsje en op de zee.

Toen ze, wat mij betreft ten overvloede, dit panorama, staande op het balkon, bejubelde trad een tweede middelbare juffrouw binnen en overhandigde mij een expresbrief uit Amsterdam.

Van telegrammen en expresbrieven op reis krijg ik altijd bijna een hartverlamming.

Want ik heb dierbaren en denk dan aan dood en rampspoed.

Terwijl de juffrouw onverdroten voorttsjilpte, scheurde ik de brief open en las hem.

Het viel mee.

Mijn goede makker Geert van Oorschot, uitgever te Amsterdam, had een stukje met de hand geschreven tekst van mij nodig, om in facsimile achterop een nieuwe druk van het door mij hogelijk bewonderde meesterwerk 'Kees de jongen' van Theo Thijssen te zetten.

'Ik heb er waanzinnige haast mee,' schreef hij. 'Daarom heb ik je zoon om je adres in Levanto gevraagd. En let wel – het stukje tekst moet precies tien centimeter breed en dertien centimeter hoog zijn, anders kan het er niet op. Stuur het mij alsjeblieft omgaand per expres.'

Ik raadpleegde Van Goor's zakwoordenboekje en drong toen in een komma van de juffrouw binnen, met de vraag of zij mij helpen kon aan een centi'metro, want zelfs Italianen kunnen er niks anders van maken.

Zij antwoordde: 'Si,' maar keek mij zeer bevreemd aan. De volgende dagen schrok zij altijd een beetje als zij mij tegen kwam op de gang. Ik kon daar wel inkomen. Ze dacht dat ik niet wel bij het hoofd was. Want met een vent die helemaal uit Nederland naar een Italiaanse berg reist en ten overstaan van een puissant panorama als eerste begeerte een centimeter opgeeft moet iets mis wezen. Wat wil hij opmeten? De berg soms?

Kijk, dáárom is communicatie niet mogelijk.

Op zondag maakten we een klein zeereisje op zo'n dubbeldekse plezierboot, die een verfje nodig had. Geen kostbare affaire. Voor vijf gulden negentig was je de hele middag zoet. Tegen tweeën gingen we in het haventje op de aankomst van de boot wachten.

We zaten op een in de rotsen uitgehouwen bank vlak bij het water dat, een paar meter beneden ons diep, ondoorgrondelijk en zonder rimpels was.

Het hekje stelde weinig voor – twee ijzeren paaltjes en een lange, dunne dwarslat.

Aanvankelijk waren we de enige gegadigden, maar na een minuut of tien verscheen een jong, Italiaans echtpaar met een dochtertje van hooguit twee jaar.

De man ging met zijn ellebogen op het hekje leunen en keek uit over zee. Hij was asblond en hij kon de jonge rol in de film niet spelen, omdat het de natuur behaagd had hem, na een hoopvol begin, op te zadelen met een wipneus, die zijn profiel geheel ontwrichtte. Hij had geen zin in het uitstapje, dat kon je zien aan zijn chagrijnige mond.

De vrouw ging een eindje verder op de stenen bank zitten, opende een papieren zak, haalde daaruit een Italiaanse Berlinerbol en begon dit mierzoete gebak gulzig op te eten.

Zij was een voormalige stoot.

Zes jaar geleden liepen alle jongens haar na. Maar eenmaal getrouwd en zwanger had ze gedacht 'Het is bereikt' en haar calorieën niet meer geteld en daarom was ze nu vet en uitgezakt. De man keek even opzij en dacht: 'Mot je d'r zien zitten.'

En zij dacht: 'Ik had het me héél anders voorgesteld. Toen we verloofd waren wou hij almaar met me dansen en riep hij telkens: "Neem nog een consumptie, schat." En nou gaat hij 's avonds alleen uit en kan ik, als ik geld nodig heb voor iets leuks, een hengst krijgen.'

Dit alles in het Italiaans, natuurlijk.

Goed, ik veronderstel dit allemaal maar.

Het zou me geen donder aangaan, als ik er niet het slachtoffer van dreigde te worden.

Maar dat zat er dik in, want noch de man, noch de vrouw lette op het kind dat opgedirkt maar toch mooi, vlak langs het water dribbelde en er dus elk ogenblik in kon vallen.

Ik dacht: 'Als dat gebeurt, wat doen we dan? Springt hij haar na? Waarschijnlijk roept hij: "Ik kan niet zwemmen," want 't is echt een goser om niet te kunnen zwemmen. Wat is zwemmen, in het Italiaans? Even kijken in het boekje. Zwemmen is nuotare. Hij kan dus niet nuotare, dus dan moet ik er in want als je een kind laat verdrinken, kun je nooit meer slapen. Een klein kind dat in het water valt is een afschuwelijk tafereel. Ik heb het één keer gezien, maar toen had ik geluk. 't Was in een ander Italiaans dorp aan zee. Ik zat daar in de haven, aan het water en naast mij stond een oude vrouw te praten met een visser in een gemeerd bootje. Ze had een klein jongetje bij zich, waar ze ook niet op lette. Het struikelde en viel in dat ondoorgrondelijke water. Maar ik hoefde niet te duiken, want dat deed die visser. Het kwebbelwijf hief, toen het gebeurde, haar beide armen in vertwijfeling ten hemel, precies zoals het op de schilderijen van oude meesters staat. Dat klopt dus wel. Maar nu is er geen visser om het op te knappen. Ik moet er straks in. Laat ik mijn bril maar vast afdoen, anders zie ik niks onder water. En mijn jasje uit, anders wordt mijn pas nat en mijn geld nat en mijn kopij nat. Die sandalen schop ik zó van me af. En die broek droogt wel weer op. Ik kan moeilijk nu ook mijn broek uittrekken, want dan denkt dat wijf: "Waarom trekt die vent z'n broek uit?" En ik heb te weinig Italiaans voorradig, om te antwoorden: "Dat doe ik omdat ik het kind, waarop je zou moeten passen, in plaats van die zak zoete vuiligheid leeg te schrokken, straks uit het water zal moeten halen."'

Maar het kind viel niet in het water, zodat ik al deze gedachten net zo goed had kunnen nalaten. Hoe zei onze geëerbiedigde minister-president het ook weer aan het slot van een geruststellende radiorede in mei 1940? 'De mens lijdt vaak het meest, door 't lijden dat hij vreest, doch dat nooit op komt dagen.' De volgende ochtend kwamen dan ook de Duitsers.

III

Een grote attractie van het Italiaanse plaatsje Levanto, wordt voor mij gevormd door de kelner van het vrij grote café waar mijn vrouw en ik aan het eind van de middag samenkomen, om voor het eten op het terras enige glazen wijn te drinken. Hij is een kleine, stevige, zeer kale man, rondom de vijftig en hij straalt van arbeidsvreugde.

Guiseppe heet hij, net als Verdi, maar hij maakt geen muziek doch, naar wij spoedig zouden leren, wel andere geluiden. Onze eerste kennismaking verliep zó.

Toen we op het terras waren gaan zitten kwam hij onmiddellijk heel vief aanstappen, hoorde met een haast pathetische belangstelling aan dat we twee glazen rode wijn verlangden, riep: 'Yes' en liep weg op een manier of hij zeggen wilde: 'Dat zal ik eens even pijlsnel voor jullie gaan halen.'

Even later kwam hij weer naar buiten, met onze bestelling.

Twee zeer kleine flesjes rode wijn en twee glazen stonden op een rond ijzeren blad, dat hij op de vlakke hand boven het hoofd droeg. Veel kelners kunnen dat.

Het is een kwestie van balanceren.

Maar Guiseppe deed het net iets te zwierig en daarom donderde alles op het blad om.

Dat was helemaal niet erg, want de flesjes waren nog dicht.

Hij zette ze voor ons op tafel en ging ze openen. Nu is het verwijderen van zo'n plastic dopje een nietige handeling, die met duim en vinger kan worden verricht. Maar Guiseppe deed het of hij een fikse eik, met wortel en tak, uit de grond moest rukken.

Toen hij de operatie had volbracht, stortte hij de inhoud zó onstuimig in de glazen, dat een ervan, niet opgewassen tegen dit geweld, omviel in de schoot van mijn vrouw.

Guiseppe maakte een bezwerend handgebaar, dat betekende: 'Niets aan de hand. Dat regel ik wel even.'

Hij ijlde het café binnen en kwam even later terug met een kopje koud water en een papieren servetje. Daarna knikte hij ons energiek toe, of hij zeggen wilde: 'Dát is weer in orde' en liep soepel terug naar het café, waar het ijzeren blad uit zijn hand gleed en op de stenen vloer het geluid van een bekken veroorzaakte, dat we nog vaak zouden horen.

Maar op dat ogenblik wisten we niet dat, wat we hadden meegemaakt, het normale gedragspatroon van Guiseppe was.

'Och, een ongelukje kan iedereen overkomen,' zei mijn vrouw. 'Met koud water krijg ik die wijnvlek er natuurlijk niet uit, maar ik heb nog meer jurken.'

Aan het volgende tafeltje ging nu een zorgelijk heertje op de leeftijd des onderscheids zitten.

Guiseppe kwam weer aangestapt met zijn wat overtrokken ijver.

Een goede regisseur zou tegen hem zeggen: ''t Is goed, maar doe er wat af, dan wérkt het beter.'

Het heertje maakte duidelijk dat hij bier wilde en Guiseppe ging het weer zo pijlsnel halen. Terwijl wij, in het café, zijn blad andermaal hoorden vallen maakte het heertje ons in een knarsend soort Frans duidelijk dat hij woonachtig was in Albanië. Toen we als tegenprestatie hadden meegedeeld, dat wij woonachtig waren in Nederland kwam Guiseppe met het flesje en het glas en schonk weer zó onstuimig in, dat een kwak bier op 's mans rechterknie terecht kwam. Hij sloeg er geen acht op en keerde neuriënd terug naar het café.

Nu wil ik natuurlijk niet roddelen over Albanië, maar ik geloof dat het zo'n land is waar de mensen allemaal maar één pak hebben. Het heertje begon dan ook erg zorgelijk met zijn zakdoek op zijn knie te boenen.

Toen Guiseppe met onze tweede bestelling naderde, legde mijn vrouw een krant op mijn schoot, zeggende: 'Je hebt alleen dit pak bij je.'

Maar hij bracht het er puntgaaf af en keek dan ook zeer triomfantelijk, in de trant van: 'Dat heb ik 'm toch maar effe geflikt he?' Nog vaak hebben we, in de dagen die volgden, het vallen van z'n blad gehoord en ook in het geluid van brekend glaswerk had hij steevast de hand. Maar hij bleef stralen en speelde, ofschoon volstrekt onbekwaam, met grote verve de meest virtuoze kelner van Italië. Een heerlijke, zeer gelukkige man. Ik zal hem missen.

Het dorpje Vernazza, ligt aan zee. Liggen kun je het eigenlijk nauwelijks noemen. Het is meer staan of hangen. De huizen zijn tegen de barre rotsen aangeknutseld door mensen die op deze voor woningbouw wel hoogst ongeschikte plek, per se wilden verblijven en het terrasje van de dorpskroeg klemt zich tien meter boven de zee met taaie volharding vast aan een enorm brok graniet. Als lage lander denk je: 'Dit houdt niet lang meer stand, straks komt de hele boel naar beneden.' Maar dat is niet zo. Want als je een Italiaanse bouwvakker een hoge berg geeft en een kar met stenen, zet hij er een solide huis op, dat de eeuwen trotseert, omdat hij weet hoe het moet.

De straatjes van Vernazza zijn smalle, bochtige trappen.

Dat heeft één immens voordeel: auto's kunnen er niet rijden. Het dorp ruikt naar wijn.

Zelfs als u de meest fervente geheelonthouder is, zult u mij moeten toegeven dat wijn aangenamer geurt dan benzine. Dáár zijn we het toch wel over eens, nietwaar? Verder respecteer ik uw gevoelens. Door die smalle straatjes slenteren we wat rond. Hoge, door de zon net goed verkleurde huizen. Ranke bankjes waarop zeer rimpelige oude vrouwtjes in het zwart zitten te praten. Een soort kiosk met de heilige Martha achter stevig kippegaas. Broodmagere, nooit geaaide katten, die voorbereid zijn op een schop. Bleke kindertjes op blote voeten. Een grote, vuil-witte kerk. En 'Vota Communista' op de muur gekalkt.

Daar hebt u alle ingrediënten voor de bittere soep der armen.

En we komen op de Piazzetta dei Caduti.

Als ze in Vernazza toegeven dat het geen plein maar een pleintje is dan moet het bitter klein zijn.

Er staat óók zo'n mooi bankje, waarop we, wat hijgerig van al dat trappen stijgen, even gaan zitten.

We zien twee oude, vaal rode huizen van vier verdiepingen.

Daarnaast een laag viaduct, waarover dwars door het dorp, telkens treinen jagen, die geen tijd hebben om hier te stoppen.

De ijswinkel heeft een terrasje met drie tafeltjes voor de deur en in zijn gevel een blauwe nis, waarin Maria met het kind, door kunstbloemen omkranst, boven een schel lichtje staat. Op de tweede etage van het huis hangt de schrale was van een zeer dikke vrouw en een mager mannetje.

De gulzigaard.

Midden op het pleintje staat een blauw en geel geverfd ijzeren staketsel, waaraan vroeger twee schommels moeten hebben gehangen.

Het was een aardig idee voor de kinderen.

Maar de schommels zijn verdwenen. Ik denk dat er te vaak harde smakken werden gemaakt op al dat harde graniet. Jammer. Het was een lief idee.

En we wandelen terug en gaan op dat boven de zee hangende terrasje zitten om de wijn van Vernazza te drinken en iets te eten. Als we plaatsnemen wordt voor een man naast ons een bord neergezet, waarop een lange, grijze vis, compleet met kop en een zéér droevig oog. Toen mijn dochter van veertien in het Italiaanse hotel, niet ver van hier, waar we in vol pension waren, ook eens zo'n dier kreeg voorgezet, schoof ze het bord van zich af met de woorden: 'Nee hoor, 't is net of ik iémand opeet.'

Daarom verkozen we de Fritura Mista, een gerecht dat neerkwam op een hoop zeer zoute stukjes gummi en een dracht opgebakken regenwormen, die door een visser zonder keus, voortijdig aan de liefde van moeder waren ontfutseld. Er werden doperwten bij geserveerd die schoenmaat 45 hadden. Als alles op is trek ik de portefeuille, maar mijn vrouw zegt: 'Laat mij het maar regelen hier.' En als ik vraag waarom, antwoordt ze: 'Nou, wanneer jij wilt betalen in dit land, roep je altijd: "peccare", wat zondigen betekent en als die man dat dan niet snapt voeg je er, ter verduidelijking aan toe "Notte", maar dat betekent niet de rekening, maar de nacht. Je zegt dus telkens tegen die kelners, dat je wilt zondigen in de nacht. Goed, maar doe dat nou niet in Vernazza, want ze lijken me hier verschrikkelijk katholiek.'

v

Aan de Italiaanse Rivièra, staat vlak bij de zee een zeer schoon, paleisachtig huis dat – schat ik – twintig kamers bevat. Er hoort een riant park bij waarin – zo zie je door het smeedijzeren hek met het bordje 'Wacht u voor de hond' – vijf tuinmannen een dagtaak vinden. Een trap daalt af naar een privé-strand. Het huis heeft geen bewoner, doch een bewaarder.

Het is het weekeind optrekje van een heer uit Rome die, volgens de terraskelner, Antonini heet.

Nu komt hij niet ieder weekeind, hoor. Dat zou zo'n sleur worden.

Maar als hij eens komt kun je dat bemerken aan de stoet personeel die voor hem uit reist – kamermeisjes in zwart en wit en van die kerels met butlerjasjes aan. Zodra die er zijn, bezorgt een geüniformeerde chauffeur de heer Antonini in een kostbare automobiel bij de voordeur.

Als je het allemaal ziet gebeuren krijg je de indruk dat het ook in Italië met de nivellering der inkomens nog niet helemaal kat in het bakkie is.

Ik schat de heer Antonini op 'n jaar of vijftig.

Hij leeft solo en heeft het wat bekommerde uiterlijk van iemand die op driejarige leeftijd verliefd werd op een divanpop en nooit een vrouwtje kon vinden dat er voldoende op leek.

Dit is een blinde gissing.

Hij heeft nu eenmaal zo'n gezicht.

Je ziet ook wel eens een man met de gelaatsuitdrukking van iemand die tot zijn eenenveertigste alle boodschappen voor zijn moeder heeft moeten doen, 'omdat mammie weer zo moe was.'

En soms loop je tegen een vent aan die kijkt of hij al geruime tijd een graat van een zwaardvis in zijn keel heeft.

Ik kan dat allemaal niet bewijzen.

Maar ik krijg die indruk als ik naar deze mensen kijk.

Op een aan het huis verbonden terras gaat de heer Antonini, met uitzicht op park en zee, aan de divanpop zitten denken.

Wat doen we tegen zo'n man?

Revolutie maken?

Maar revolutie komt neer op bloed en andere gezichten in de Alfa Romeo's, een mutatie waarvoor ik, als principiële voet- ganger, weinig belangstelling heb.

De gewone mensen blijven behoeftig, maar mogen er alleen

niet langer hardop over spreken als ze in de rij staan voor levensmiddelen.

Als de revolutie in Italië komt, zal de heer Antonini tijdig uitwijken naar Zwitserland, om daar op net zo'n terras te dromen van de divanpop.

En in het huis met de twintig kamers zal dan de secretaris van de communistische partij weekeinds doorbrengen. Het personeel houdt hij wel aan.

Want als u denkt dat mevrouw Brezjnew zélf de vloer dweilt is u een ongeneeslijke dromer.

Nee, laat de heer Antonini maar zitten.

'Geld maakt niet gelukkig.'

Dat zinnetje hebben ze bedacht om de armen zoet te houden.

'Gezondheid is de grootste schat,' komt uit hetzelfde laatje.

Je ziet in Italië vrij veel mensen van wie je zeggen kunt: 'Gezondheid heeft-ie, maar dat is dan ook alles.'

De heer Antonini heeft ook nog alles.

Maar ik benijd hem niet.

Wat moet het vreselijk zijn alleen op een terras te zitten met de wetenschap dat in het huis zich een groot aantal volwassen particulieren in starthouding ophoudt om je, als je belt of kucht een kop koffie of een schone luier te brengen.

En met goed fatsoen dood gaan kun je eigenlijk ook niet, zolang er nog zoveel geld over is.

Nee, laat hem maar.

Zijn miljoenen en zijn dagen zijn geteld.

Eens, in het hiernamaals, komt de divanpop hem eindelijk met uitgespreide armen tegemoet.

Elke dag

I

Gistermiddag voerde mijn weg toevallig weer eens door dat
oude straatje, in het hart van Amsterdam. Ik was er meer dan
een jaar niet geweest. Toen ik nummer zestien naderde zag ik
dat een jonge moeder met twee kinderen de sleutel in het slot
van het bovenhuis stak en er binnen ging. Het oude naambord-
je boven de brievenbus bleek te zijn verdwenen, net als de
briefkaart achter het deurraampje, waarop vroeger met blok-
letters stond: 'Niet bellen'. Vroeger was vijf jaar geleden. Op
een ochtend vond ik bij de post een briefje, dat luidde: 'Meneer
kom onmiddellijk, men staat mij naar het leven.' En daaronder
een naam en een adres. Dit adres. Toen ik er aankwam zag ik
dat vlak tegenover nummer zestien een klein sigarenwinkeltje
was. Ik kocht er een pakje sigaretten en vroeg aan de oude man
achter de toonbank: 'Kent u de meneer die op nummer zestien
boven woont?'
  Hij knikte gereserveerd.
  'Is er iets bijzonders met hem aan de hand?' vroeg ik.
  'Weet ik niet,' antwoordde hij. 'Ik zie hem nooit. Hij komt al
tien jaar z'n huis niet meer uit. Ziek? Nee. Maar hij heeft er
geen zin meer in, geloof ik. En dat ouwe mens van beneden doet
z'n boodschappies.'
  Ik stak de straat over en belde aan. Na lange tijd werd de
briefkaart opzij geschoven en keken twee zwarte ogen mij
wantrouwig door het raampje aan.
  'U hebt me geschréven,' riep ik, het briefje optillend. Nu
werd de deur geopend door een kleine, mollige man van 'n jaar
of zestig met een alpinopetje op. Hij had gymnastiekschoentjes
aan, droeg zo'n geruite banketbakkersbroek en een hemels-
blauw, glimmend huisvestje met tressen, dat men vroeger een
coin de feu noemde.
  'Ik kreeg vanmorgen uw briefje...' begon ik. Maar hij sloot
zwijgend de deur achter me en begon de trap te bestijgen. Ik
volgde hem maar. Hij had een katachtige manier van lopen,

soepel en geruisloos. Boven kwamen we in een kamer waarin een niet opgemaakt bed, een keukentafel en twee stoelen stonden. In een kooi zat een onduidelijk groen vogeltje dat niet zong. Aan de muur hing een foto van een bokser in actie. De man liep naar het raam en wenkte mij.

'Kijk, die daar, he,' zei hij met een hoge, trillende stem en hij wees op twee sjofele huismoeders met boodschappentassen, die aan de overkant op de stoep wat stonden te praten, 'hoeren zijn 't, allebei. En weet u waar ze over praten? Over mij. Dat doen ze allemaal hier. Die ouwe pooier in die zogenaamde sigarenwinkel ook. Want 't is een stille knip, dat zaakje. Ik zie ze toch zélf binnengaan. En daar in dat huisje met dat balkonnetje woont de grootste hoer van allemaal. Van haar gaat 't uit. Ze loert op me woning om er een bordeeltje van te maken. Maar dan moet ik eerst kapot. En wat doet ze? Ze stuurt me telkens een ambulance. Die wil me naar 't ziekenhuis slepen. En daar maken ze me dan in de operatiekamer af. Maar ik doe niet open. Mij krijgen ze niet.'

Hij zweeg. Na een poosje vroeg ik: 'Waarom schreef u eigenlijk dat ik komen moest?'

Hij schrok op als uit een droom.

'Wat moet u van mij?' vroeg hij, vijandig en bang tegelijk. Hij liep naar de keukentafel, trok een la open en haalde een foto te voorschijn.

'Zo zag 't er hier uit voor ze me alles afgestolen hadden,' zei hij. Het was dezelfde kamer, volgestouwd met Kitsch. Hij stond er óók op. 'Erg mooi,' zei ik. Toen ik, na hem nog een uur te hebben aangehoord over het Sodom en Gomorra van zijn straat, weer buiten liep wist ik nog steeds niet wat hij eigenlijk van me wilde. Ook uit de brieven die hij me sindsdien regelmatig stuurde, viel dat niet af te leiden. Ze gingen altijd maar weer over de buren links, rechts, voor en achter en hun zondige levenswandel, die hij tot in de goorste details beschreef.

'Is de overbuurman verhuisd?' vroeg ik aan de man in de sigarenwinkel.

'Ja, naar 't kerkhof,' zei hij, met een grimmig lachje. 'Hij is in een operatie gebleven. Ach meneer, ik ben in deze straat geboren. En hij ook. Mijn vader had dit winkeltje. Maar die man z'n

vader woonde met vrouw en vijf koters in zo'n rottig onder-
stukkie. En dan kwam pa ook nog telkens lazerus thuis en
ramde ze in mekaar. Je moet wel sterk van geest zijn om van
zo'n jeugd later geen kneusje te worden. Nou ja – hij ligt nou
tenminste rustig.'

Weer op straat schoot mij opeens een brief van hem te
binnen die ik ontving in 't holst van een harde winter. 't Was
wéér zo'n verhaal over de buurt, dat stonk als een beerput,
maar aan het eind stond – en dat trof me: 'Drie uur in de nacht.
Wat is het koud en wat ben ik bedroefd.'

II

Een kleuterleidster vertelde me dit: Toen ik een maand geleden
trouwde, zaten alle kinderen van mijn klas in de kerk om de
plechtigheid bij te wonen.

Nog steeds ben ik kleuterleidster en gisteren kwam een
jongetje dat er in de kerk óók bij was, in de klas naar mij toe en
vroeg: 'Juf – die meneer waar u toen mee getrouwd bent – ziet u
die nog wel eens?'

III

Aan het eind van de middag liep ik met mijn vrouw op het
Damrak, want we hadden een paar noodzakelijke boodschappen gedaan. Ze zei: 'We moeten om acht uur in de schouwburg
zijn. Zullen we even ergens iets gaan eten? Een kleinigheid. Ik
heb weinig trek.'

'Ik ook,' zei ik.

We gingen een groot café-restaurant binnen en raadpleeg-
den de kaart.

'Een omelet?' stelde ze voor.

'Goed.'

De kelner in wiens wijk we ons bevonden, liep op dit ogenblik naar een juffrouw, die aan het tafeltje naast ons zat en
sprak met een matte stem: 'U zei drie dingen, maar het derde
weet ik niet meer.'

'Een flensje toe,' antwoordde ze, verlegen naar ons kijkend, als betrapten wij haar op iets wulps.

'O ja.'

Hij liep naar het buffet.

Een oude, broodmagere man was hij, met uitgebluste, diep liggende ogen en hij wilde helemaal geen kelner meer zijn, maar thuis, met zijn pantoffeltjes aan, op een stoel voor het raam zitten en naar buiten kijken en wat vaag denken aan vroeger toen alles beter was en aan zijn zoon, die het in Canada zo ver geschopt had en maar zelden tijd vond voor een brief en nóóit voor geld. Op moeilijke voeten baande hij zich een weg door dat grote, drukke café en bleef voor ons staan.

'Wat mag ik u brengen?' vroeg hij, met om zijn mond iets dat lang geleden eens naast een glimlach had gelegen.

'Alleen maar voor ons allebei deze omelet,' zei ik, op de kaart wijzend.

Het viel hem mee dat hij maar zo weinig hoefde te onthouden.

'Goed,' sprak hij en slofte weer weg.

Terwijl we wachtten pakte ik het avondblad om kennis te nemen van onze overlevingskansen.

Oorlog, moord, dreiging, honger.

De wereld wil maar niet goed oppassen.

Als ik zo'n zoon had, hing ik me op.

'Twee omeletten,' zei de kelner.

Hij bezigde de toon, waarop in een sterfhuis wordt verzocht om de passagiers voor de eerste volgauto.

Het waren zeer forse omeletten, erg geschikt voor mensen, die een paar dagen in een lift tussen twee etages hebben gehangen met een rolletje pepermunt als enige proviand.

Mijn vrouw begon er aan met een zucht.

Toen ze 'm half op had zei ze: 'Ik kan niet meer.'

'Laat 't dan maar staan.'

'Wil jij 't niet opeten?' vroeg ze schuw.

'Ik denk er niet over,' riep ik. 'De omelet komt bij mij ook mijn oren uit.'

Ze zuchtte weer. Ik wist wel wat er in haar omging. 't Is een vreesje dat uit de kindertijd is blijven hangen. Ze denkt dat de kelner straks zal zeggen: 'Wat? Heb jij je bordje niet leeggegeten? Dan ga je voor straf meteen naar bed.'

Maar dat zegt een kelner nooit. Het laat hem volkomen koud. Hij brengt dat half volle bord gewoon naar de Marokkaanse gastarbeider, wiens beige handen je, via het doorgeefluik, bezig ziet aan de nimmer eindigende perpetuum mobile van een café-afwas en die man is al zó aan onze overvloed gewend, dat hij de halve omelet niet opschrokt maar in het vuilnisvat werpt, even denkend aan zijn kleine broertje thuis dat er zo dolgraag in gebeten zou hebben.

'Heeft het gesmaakt?' vroeg de kelner, oningeleefd. Ook dit liet hem koud.

'Heerlijk,' antwoordde ik. Dat doe ik altijd, al was het varkensvoer. Maar het is nu eenmaal een akoestische uitwisseling van zinneloze cultuurhandelingen, waar je niet onderuit komt. Schuldbewust zei míjn vrouw: ''t Was erg lekker, maar een beetje veel.'

Waarop de kelner scherp markeerde dat we in een welvaartsstaat leven door zorgelijk te zeggen: 'Ja mevrouw, daar wordt wel meer over geklaagd.'

IV

Wat hier volgt is een kleine pantomime, die werd opgevoerd in een Amsterdams stadsplantsoen.

Ik was daar 's morgens even op een bank gaan zitten. Er naderde een jongetje van een jaar of zes met zijn sterk op hem gelijkende zusje, dat wat ouder was.

Het meisje raapte steentjes op, bekeek ze en wierp ze dan weer weg.

Het jongetje zei: 'Laten we dáár gaan kijken.'

Hij wees.

Ik keek in die richting en zag dat aan de andere kant van het grasveld, waar het plantsoen ophoudt, een auto van het gemeentelijk elektrisch bedrijf geparkeerd stond, vlak bij een reclamezuil.

Een functionaris van deze dienst had een deur in de zuil geopend en sleutelde aan apparatuur die zich daar binnen bevond. Nu loop ik al zevenenvijftig jaar op deze aarde rond met de naïeve gedachte dat die zuilen niets bevatten en alleen zijn neergezet om er affiches op te plakken.

Maar je leert nog elke dag.

'Kom, laten we dáár nou gaan kijken,' riep het jongetje nog eens.

'Nee,' zei het meisje.

De man raadpleegde zijn horloge, zag dat het schafttijd was, deed de deur van de zuil dicht, ging op een nabij bankje zitten, plaatste een trommeltje op zijn schoot en deed het open. Toen hij een boterham naar zijn mond tilde, was het jongetje net razend snel het grasveld overgestoken en stond voor hem. Hij zei van alles en wees daarbij op de zuil.

De man legde de boterham terug in het trommeltje, zette het op de bank, liep met de jongen naar de zuil, opende de deur en begon aan een uiteenzetting over alles wat daar binnen te zien viel.

Het duurde geruime tijd.

Het jongetje luisterde aandachtig.

Toen de man eindelijk was uitgepraat, sloot hij de deur, liep terug naar de bank en plaatste het trommeltje weer op zijn schoot.

Op dat ogenblik had het zusje besloten dat het toch best eens interessant zou kunnen zijn in die zuil te kijken. Hij had de boterham vlak bij de mond toen zij vóór hem stond en hem mimisch zeer overtuigend duidelijk maakte wat zij wilde.

De man legde de boterham andermaal terug in het trommeltje, sloot het, plaatste het op de bank, liep met het meisje naar de zuil, opende de deur en begon wéér aan een explicatie.

Ook zij luisterde aandachtig en ze knikte zo nu en dan. Haar voornemen de zuil binnen te stappen, wist hij te voorkomen. Toen hij ook haar nieuwsgierigheid tot op de bodem had bevredigd, sloot hij de deur wederom, keerde op de bank terug en nam toen eindelijk de tweemaal uitgestelde hap van zijn boterham.

Waarom heb ik deze kleine pantomime voor u opgeschreven?

Kijk, we leven in een lastige stad.

En in een grimmige tijd.

Maar als ik dan zie dat er in Amsterdam toch nog mensen rondlopen die zo máteloos goedhartig zijn als deze man, schep ik weer een beetje moed.

v

De oude man die met slepende tred de kroeg binnenkwam was ongetwijfeld een vaste klant, want de jonge klare werd hem ingeschonken eer hij een woord had gezegd. Hij nam een aandachtig slokje. Toen hij zijn glas weer had neergezet, zei de kastelein: 'Zeg, Jan – wat is nou jouw mening...'

Verder kwam hij niet, want de oude stak zijn handen bezwerend in de lucht en riep: 'Als je in godsnaam m'n mening maar niet wil weten.'

'Waarom?' vroeg de kastelein.

'Omdat ze me van de vroege ochtend tot de late avond om m'n mening vragen,' zei de man. 'Weet je dat ik daar zeer afgemat van word? Vanmorgen begon het al. Ik was naar Artis gegaan. Dat doe ik wel meer. Ik heb er zo'n doorlopende kaart van. En dan ga ik altijd zitten in het oude apenhuis op het bankie tegenover die grote gorilla die ze nooit aan een wijf hebben kunnen helpen. Een vrolijk dier is 't niet, maar je zit daar lekker warm. 't Stinkt wel een beetje, maar die hele stad stinkt naar de benzine en dan ruik ik liever een kruidig apie, da's tenminste nog natuur. Goed, ik zit daar. Tevreden. Pijpie aan. Er komt een man naast me zitten. Geen rustig tiep, dat zag ik meteen. Hij had zo'n zenuwrimpel in z'n gezicht en daar bewoog hij telkens mee. En uit al zijn zakken puilden kranten. Goed, die man begint tegen me te praten over de politiek en over de vraag of de minister-president gekozen moest worden of niet. Dat zat hem hoog. Hij vond van wel. Daar had hij allerlei redenen voor en die somde hij op en die zenuwrimpel ging maar op en neer. Ik denk: "Lul jij maar an, ik zit hier droog en warm." Maar het moment komt dat hij vraagt: "En, wat is uw mening hier nou over?" Toen zeg ik: "Meneer, nou moet u eens goed naar me luisteren. Ik ben negenenzestig jaar oud en ik leef met de aan zekerheid grenzende waarschijnlijkheid dat ik binnen afzienbare tijd de pijp uit ga. Beseft u dat het me, in de schaduw van deze onafwendbare gebeurtenis, een levendige rotzorg zal wezen of ze de minister-president kiezen of niet?"'

Hij keek me aan. Ik knikte, want ik kon er wel in komen. Eéns word je van dit soort dingen ontheven.

'Maar de mensen kunnen het niet laten en daar word ik zo moe van,' zei hij. 'Vanmiddag moest ik naar m'n jongste zuster. Die is jarig vandaag. Ik loop, op weg er naar toe, door zo'n klein straatje in de buurt van het Rembrandtplein. Daar staat een kerel op de stoep. Een ouwe kerel, zoals ik. Hij zegt: "Meneer, vindt u dat nou geen grof schandaal?" En hij wijst naar een etalage. Ik kijk. Nou was 't zo'n sekswinkel. Er lagen fotoboekkies met blote wijven. En van allerlei toestellen, met elektrische draden eraan. Want tegenwoordig heb je mensen, die nemen een hele mecanodoos mee naar bed. 't Zou mijn stiel niet wezen, maar dat is van geen belang, want ik sta al jaren buiten spel. Al wat ik wil doen in bed is slapen en zelfs dat lukt me slecht. "En, wat vindt u daar nou van?" zegt die kerel tegen me. Ik zeg: "Meneer, voor mij voorziet het uitgestalde niet in een levensbehoefte, maar weet u wat me opvalt?" Dat wist hij niet. Ik zeg: "Ik kom herhaaldelijk door deze straat, maar ik heb nog nooit gemerkt dat die winkel hier gevestigd is. U wel. Misschien hebt u er een neus voor." Toen werd hij nog kwaad ook.'

Hij probeerde verongelijkt te kijken maar er twinkelde te veel spot in zijn ogen.

'Goed, ik kom bij me zuster,' zei hij. 'Er zijn wat mensen. Ik krijg een glaasje. Zo'n zoet mondje. Niks voor mij, maar ik dacht: ik zit hier rustig en er verstrijkt weer een uur van m'n leven, nietwaar? Maar nee. Er komt een stuk neef van me binnen. Eerst ouwehoeren over z'n wagen die hij niet kwijt kon. En toen begint-ie tegen me over de luchtverontreiniging. Maar op zo'n toon of het mijn schuld is. Ik zeg: "Jongen, jij blaast de hele dag uitlaatgassen, maar ik niet en ik was elke ochtend mijn hele gestalte. Doe jij dat ook?" Nou ja, er kwam weer bonje van. Ik heb m'n zoete mondje uitgedronken en ben hier naar toe gelopen. Voor m'n rust. En 't eerste wat jij doet is m'n mening vragen. Waarover in godsnaam?'

'Over me jonge klare,' zei de kastelein. 'Ik heb 'n paar klanten die zeggen dat er de laatste tijd een bijsmaakkie aan zit.'

De man nam een slok, kauwde er op en sprak: 'Zeg maar dat ze gek zijn. Hiér heb ik tenminste verstand van.'

VI

Omdat het even niet regende en de zon zelfs een beetje scheen was ik, met mijn schrijfbehoeften, op een bank gaan zitten in het plantsoentje voor de deur van mijn woning in het hart van Amsterdam.

Er naderde een grote, stevige jongen op een kleurrijke fiets.

Hij stopte, keek mij doordringend aan en vroeg toen of het mogelijk was dat hij mij éens op de televisie had gezien.

'Dat klopt,' antwoordde ik.

'Mijn vader kijkt altijd naar u,' zei hij. 'Hij vindt er wel wat aan. Ik niet. Maar dat komt, denk ik, omdat het iets voor grote mensen is en niet voor kinderen.'

'Maar zo'n kind ben je nou toch óók niet meer,' zei ik.

'Ik ben twaalf,' antwoordde hij.

'Twaalf,' riep ik oprecht verbaasd. 'Ik dacht dat je 'n jaar of zestien was.'

Hij begon te stralen als een meisje dat een compliment krijgt.

'Gos!' zei hij, 'dacht u dat echt.'

'Ja.'

'Geweldig. Zéstien!' riep hij.

Hij bleef er nog even van staan te genieten, waardoor er een gaping viel in ons gesprek.

'Moet je niet naar school?' vroeg ik, om eens iets te zeggen.

'Ja, straks.'

'Vind je 't fijn op school?'

''t Gaat wel,' zei hij. 'Maar ik ben erg slecht op school. Met taal, met rekenen, met aardrijkskunde. Met alles eigenlijk. Ik heb niet genoeg verstand, denk ik.'

Hij stelde het koel vast als iemand die de feiten onder ogen durft te zien.

Toen vroeg hij: 'Waarom zit u hier eigenlijk?'

'Dat doe ik wel meer,' zei ik. 'Ik woon daar, in dat flatgebouw, zie je.'

Hij keek in de richting waarin ik wees.

'Dat is geen flatgebouw,' zei hij. 'Ik woon in een flatgebouw.'

Opeens begreep ik dat mijn simpele vier etages hem niet hoog genoeg waren om voor het woord in aanmerking te komen. Waarschijnlijk huisde hij in zo'n enorme toren, vol op elkaar gestapelde mensen.

'Nou ja,' zei ik, inbindend, ''t is natuurlijk maar een kleintje.'

'Het is geen flátgebouw,' stelde hij nog eens vast. Hij was geen jongen die je makkelijk omver praatte. Weer viel er een gaping. Na een poosje vroeg hij, met een lachje: 'U wordt er zeker wel rijk van.'

'Waarvan?'

'Van de televisie.'

'Och, dat valt tegen,' zei ik. 'Zo bar veel betalen ze niet.'

'Hoeveel krijgt u er dan voor?' vroeg hij, recht op de man af. Ik noemde het bedrag en het viel hem niet mee.

'Ik dacht dat het meer was,' zei hij. 'Hoe laat is het nou?'

'Half twee,' antwoordde ik.

'Dan ga ik maar eens naar school,' zei hij.

Hij stapte op de fiets.

'Dacht u echt dat ik zestien was?' vroeg hij.

'Echt,' zei ik.

Hij glimlachte weer verzaligd en reed weg. Naar school. Waar hij slecht is met taal, met rekenen, met aardrijkskunde, met alles eigenlijk. Toch ben ik niet bang voor zijn toekomst. Want als je zó'n ongefrustreerde realistische doordouwer bent, kom je in dit leven altijd wel terecht.

VII

Bij mijn schoondochter was, toen ik even aanliep, een hoogst zwangere vriendin op bezoek, die haar dochtertje van zes had meegebracht.

Het meisje, dat Ansje heet, zat met mijn kleinzoon David

157

van vijf in een nevenvertrek, waar het speelgoed staat. Maar ze speelden niet. Ze converseerden.

En aangezien de deur open stond konden we het gesprek woordelijk volgen. Het ging over de naderende blijde gebeurtenis. Ansje vroeg: 'Weet jij hoe 't gáát?'

'Ja,' zei David. 'Je pappa heeft een zaadje in z'n piemel.'

'En je moeder heeft een eitje in d'r buik,' zei Ansje.

'Néé.'

Dit zei hij op de geërgerde toon van iemand die iets volkomen absurds heeft gehoord.

'Toch is het zo,' hield Ansje vol. 'Mamma's hebben eitjes en...'

'Hou toch verdomme eens op met die eitjes, mán,' riep hij, want als hij kwaad wordt noemt hij iedereen mán. 'Dat kan toch niet. Dat breekt toch.'

'Nee, dat breekt helemaal niet.'

Honend riep David: 'Dan komt er zeker ineens een vogel uit je moeder d'r buik vliegen.'

'Nee. Ik eet best ook wel eens een eitje,' antwoordde Ansje geduldig. 'Maar dat is een kippeëitje. Maar in de buik van je moeder zit geen kippeëitje. 't Is een ander eitje. En dat zaadje komt er bij. Heeft je moeder je dat nooit verteld?'

'Nee.'

'Nou, misschien maakt je moeder je wat wijs.'

Korte stilte.

Daarop vroeg hij, een beetje verlegen: 'Wat is dat – wijs?'

'Dat is als je moeder je iets vertelt wat niet waar is,' zei ze.

En ze voegde er welwillend aan toe: 'Of misschien gaat het bij jouw moeder wel anders dan bij mijn moeder. Dat kan ook.'

Nu hoorden wij voetstappen.

Hij kwam de kamer binnen, door Ansje gevolgd, ging voor mijn schoondochter staan en zei: 'Pappa heeft een zaadje in z'n piemel.'

'Ja, dat is zo.'

'En zij zegt dat jij een eitje in je buik hebt. Is dat waar?'

'Ja, dat is waar.'

'Maar hoe kan dat dan bij mekaar komen,' riep hij gekweld. 'Jullie hebben toch broeken aan.'

'Die kunnen we toch even uit doen,' zei ze.

Op zijn gezicht kwam de uitdrukking van iemand die, wat de Duitsers een Aha-Erlebnis noemen heeft en riep: 'Ja, natuurlijk.'

Toen we de dorpskerk waar Miesje en haar Jan door de pastoor voor het leven aaneengesmeed zouden worden naderden, luidden de klokken jubelend. Maar toen het paar uit de auto stapte, zweeg de toren en begon het orgel. In een kerk vol klanken schreden ze, achter de in vol ornaat gestoken pastoor en twee misdienaartjes, die blijkbaar vrij van school hadden, naar het altaar. Als je dat zo hoort en ziet is een burgerlijk huwelijk op het stadhuis, met een ambtenaar in colbert, die een soort verontschuldigende conférence met slappe witzen houdt, maar een kale boel.

De bruid zag er mooi uit. Ze zag er altijd mooi uit, ook met een schort voor. En een schort droeg ze vaak, want ze werkte in het door ons gefrequenteerde dorpscafé. Ik zie haar nog de eerste keer komen. Haar vader had 's ochtends zitten praten met de vrouw van de kastelein, die klaagde dat ze geen hulp had. Hij zei: 'Je kan m'n dochter wel krijgen. 't Is een mooie meid. Ik heb d'r zelf gemaakt.'

Hij telefoneerde en ze kwam. Hij had niet overdreven. Ze was een klein, vastberaden meisje en ze kon hard werken, niet alleen in het café, maar ook in de enorme kamers boven, waarin vijf of zes bedden stonden, want het was geen hotel, maar meer een logement voor routiers.

'Laat ons bidden,' zei de pastoor.

En hij begon. Telkens als hij een volzin had gezegd, riepen de gelovigen in koor: 'Heer ontferm U.'

En terwijl ze dat riepen keek ik naar het ernstige gezicht van de bruid in haar witte sluier en moest ik plotseling denken aan Arie. Een paar jaar geleden zag ik hem in de dorpskroeg. Hij hoorde bij een ploeg kraanmonteurs, die voor een week in het logement waren ondergebracht, omdat ze een karwei in de fabriek moesten opknappen. Vier ervaren kerels waren het.

En dan nog Arie.

Die was maar een leerling van zeventien. Een blonde, nogal weerloos kijkende jongen – voor het eerst een hele week weg van moeder thuis. Toen ze de eerste dag van het karwei kwamen stond Miesje, stil en mooi, achter de tap. Hij was zichtbaar van haar onder de indruk.

'Heer, ontferm U,' klonk het weer in de kerk.

Ontfermen is een erg mooi woord in de Nederlandse taal vind ik. Maar de Heer doet het zo zelden. Achter de rug van de priester hadden de twee misdienaartjes een geintje met elkaar. Ze verborgen hun gelach achter voor hun gezichtjes gevouwen handen. Ik dacht aan een dichtregel van Mien Proost: 'En als ik groot ben, val ik af.'

De kraanmonteurs ontvingen fikse verblijfstoelagen waar de vrouwen thuis geen weet van hadden, en die dronken ze 's avonds in het café op. Dat ging rap. Zelfs Miesje kon het serveren maar met moeite bijbenen. Arie wilde voor haar óók een stoere man zijn. Daarom dronk hij in het door de anderen aangegeven tempo het bier mee. Toen om één uur de kroeg sloot ging hij zeer zat en joelerig de trap op. Maar 't was niet naar. Het viel nog van hem. Eén ding was jammer. Hij piste die nacht in zijn bed. En dat bed moest Miesje de volgende ochtend opmaken. Een dieper vernedering voor een jongen van zeventien zou ik niet weten.

'Heer, ontferm U.'

De volgende dag kwamen de monteurs aan het eind van de middag van het karwei. Miesje stond achter de tap. Een der mannen zei: 'Vier pils. En geef Arie maar een speculaasje, daar zit geen vochtigheid in.'

Dreunend gelach. Hij bloosde als een meisje en zijn blik was radeloos. Schichtig liep hij naar een hoek van het café, nam de krant en veinsde dat hij las.

'Ja, zóveel bier in een jongenslijffie...'

Het pesten ging door.

'Heer, ontferm U.'

Opeens liep Miesje dwars door het café naar de jongen toe en zei: 'Ik kom effe bij je zitten klessen. Mág dat?' Nog zie ik de uitdrukking van mateloze opluchting, die op zijn gezicht kwam. Heel levendig begon hij tegen haar te praten. Ze knikte vriendelijk. De mannen gingen maar biljarten. Ze was toen al solide verloofd, met de jongen die nu naast haar stond in de kerk.

Maar zij ontfermde zich over Arie.
Ze gaf de kus aan de melaatse.

Toen ik gisteren op bezoek was bij mijn vriend Henk kwam zijn zoon Hansje van twaalf thuis in gezelschap van een ook zeer blits uitgemonsterde jongen, die ik op dezelfde leeftijd schatte.

'Wie hebben we dáár? vroeg Henk.

'Dit is Arnaud,' zei Hansje. 'Hij zit bij me in de klas.'

Na deze mededeling trok hij zich terug in de wc, zodat Arnaud wat ontheemd in de kamer stond.

Om de stilte te vullen vroeg Henk maar eens: 'En – bevalt het op school?'

'Nee,' antwoordde Arnaud zeer stellig. Hij was een mooi, rank jongetje met lichtbruine ogen en heel veel rossig haar.

'Wat mankeert er dan aan?' vroeg Henk.

'Alles,' zei de jongen. 'We krijgen les van een stelletje kortharigen. Die willen ons allemaal onzin leren. De man die geschiedenis geeft – die zeurt maar over Karel de Grote of zo.'

'Waar moet-ie dán over zeuren?' vroeg Henk geduldig.

'Hij moet ons leren over Cuba,' vond Arnaud.

'En dat doet hij niet?'

'Nee. En als we zeggen dat we dat willen wordt-ie kwaad en roept hij dat we moeten doen wat hij zegt. Hij is...'

Hij stokte – kennelijk zoekend naar het juiste woord.

'Bazig?' opperde Henk.

'Nee, 't heet anders,' antwoordde Arnaud.

'Autoritair,' veronderstelde ik.

'Ja,' riep hij. 'Maar ja, veel jongens in de klas zijn ook nog erg burgerlijk, hoor. Ik zei vanmorgen tegen André: "Wat weet jij van het communisme?" En toen zei hij: "Dat interesseert me niet." Stel je vóór.'

Nu trad Hansje weer binnen en zei: 'Kom mee.'

Ze verdwenen in zijn kamertje dat hij zelf zeer hip beschilderd heeft. De deur bleef op een kier.

'Bij het onderwijs moet je óók niet zijn,' zei ik.

'Nee,' antwoordde Henk. 'En 't is nog wel zo'n milde school.'

'Wat bedoel je met mild?'

'Nou,' zei hij, ''t is zo'n school waar de meester vraagt: "Jan hoeveel is een en een?" en als-ie dan antwoordt „Veertien" roept de meester niet: "Nee, twéé, rund", maar dan glimlacht hij en zegt: "Jan is een typische alpha." Zeg, ruik jij ook zo'n vieze stank?'

'Ja,' zei ik.

De lucht kwam uit Hansjes kamer.

Toen we er binnen gingen zagen we de jongens op de grond zitten met wat groene autootjes van plastic en zo'n miniatuur tank van hetzelfde materiaal.

'Wat doen jullie?' vroeg Henk.

'We saboteren in het leger,' zei Hansje.

'Maar moet dat dan zo stinken?' riep Henk.

'Ja, want we steken de auto's en de tanks van onderen an,' zei Arnaud op vriendelijk docerende toon. 'Kijk maar.'

En hij toonde ons een jeep die door het vuur was veranderd in een vormeloze klomp. Een beetje moe zei Henk tegen zijn zoon: 'En je moest zo nodig al dat oorlogsspul hebben. Terwijl ik het niet eens wou...'

Hansje haalde zijn schouders op.

'Nou saboteren we het leger,' zei hij.

'Je doet maar,' riep Henk. 'Maar als je er eens met een hamer op sloeg? Dat heeft hetzelfde effect, maar het stinkt niet.'

Terug in de kamer zei hij met een zucht tegen me: 'Jouw kinderen zijn volwassen. Knijp je handen maar dicht.'

Sander

I

Omdat mijn schoondochter door ziekte aan het bed gekluisterd werd, moesten haar zoontjes in de familie worden gedistribueerd. Wij kregen Sander van drie. Hij logeert al bijna een week bij ons en heeft de sfeer van ons bestaan ingrijpend veranderd. Het leven is namelijk één onafgebroken feest voor hem – een zeer positieve instelling, die in mijn omgeving niet meer voorkomt.

's Ochtends, als we nog in bed liggen, bezig ons te verzoenen met het feit dat we wakker zijn, komt hij stralend en met alle poriën open voor vrolijke ervaringen de slaapkamer binnen, gaat tussen ons in zitten en zegt: 'Nou gaan we lékker ontbijten.'

Want alles is bij hem lékker. Hij gaat lékker slapen. Hij gaat lékker in bad. Hij gaat lékker mee boodschappen doen. En dus ook lékker ontbijten. Als hij zijn ei leeggelepeld heeft zet hij de schaal omgekeerd in het dopje en zegt: 'Opa, hier heb je nóg een ei.'

'Ha, fijn,' moet ik dan roepen. En als de schaal onder mijn hamerend lepeltje ineenstort luidt mijn tekst: 'Vuile schoft, je hebt me voor de gek gehouden.'

Want – leerde hij mij de eerste ochtend – 'zo zegt pappa het altijd als ik het bij hem doe.'

Het eigrapje is een sterk staaltje van overlevering. Toen ik een jongetje was deed ik deze onschuldige snakerij met mijn vader die het van zíjn vader had en toen mijn kinderen klein waren bouwde ik verder aan de traditie, die nu door mijn zoon wordt voortgezet. Zonder de geringste twijfel zal Sander er later zijn eigen kroost mee vermaken, want de witz is ijzersterk en tegen de tijd bestand.

Als we uitgelachen zijn zegt hij op behaaglijke toon: 'Straks ga jij eerst naar de w.c., he opa? Wat ga je dan doen – een poepje of een piesje?'

'Och dat weet ik nog niet precies,' antwoord ik.

'Misschien wel allebei,' veronderstelt hij, weer zo feestelijk.
'Best mogelijk.'
'En daarna ga je naar de badkamer,' vervolgt hij. 'Dan ga je eerst je tandjes poetsen. En dan ga je inzepen en scheren. En dan ga je in het bad. En ik ga lékker naar je kijken, he opa?'
'Ja, da's goed m'n jongen,' zeg ik.

In mij komt het woordje 'lekker' nooit op als ik denk aan de elke ochtend terugkerende reeks gewoontehandelingen, die nu eenmaal moeten worden verricht, maar hij vindt het een zeer boeiend gebeuren, waarvan hij geen detail wil missen.

Als ik de badkamer binnenkom staat hij al op een krukje naast de vaste wastafel met mijn tandenborstel in de hand. Vooral mijn krachtig uitspuwen van het water vindt hij een onweerstaanbare grap, waarom hij elke ochtend weer moet schateren. Als ik klaar ben met de eerste attractie opent hij de zeepdoos en haalt kwast en apparaat voor me uit het kastje. Het scheren vindt hij niet komisch, maar interessant. Hij kijkt eerbiedig toe hoe ik me schoonkrab en zegt: 'Het kleine beetje zeep dat nou nog op je gezicht zit doe je er in het bad wel af, he opa?'

'Ja, m'n jongen.'

Als ik in de kuip ben gestapt gaat hij er, weer zo intens geboeid, op het krukje naast zitten en geeft, als een regisseur, de volgorde van mijn handelingen aan.

'Nou moet je eerst je voetjes wassen,' begint hij.

Ik heb schoenmaat 43, maar hij gebruikt hardnekkig het verkleinwoord. Ik heb overigens niet alleen voetjes, maar ook handjes en beentjes. Toch is hij niet helemaal consequent want als ik uit bad kom en onder zijn niet aflatende supervisie met de handdoek in de weer ga, roept hij opeens: 'Je moet je buik nog afdrogen.' Maar als ik me heb aangekleed zijn het toch weer mijn schoentjes die ik, met hem als ooggetuige moet aantrekken.

'Nou ben je klaar, he opa?' roept hij innig naar mij opkijkend.

'Ja, ik ben klaar,' zeg ik. En ik ga het leven in met de zekerheid dat mijn begin van de dag althans voor één wezen zeer zinrijk was.

Nu Sander bij ons is drukt de paradijsvloek zwaar op me, want wat zou het ontspannend zijn om in zo'n periode, ongestoord door arbeid, alle luimen van zo'n jongetje te honoreren. Maar hij weet dat ik moet gaan werken als ik mijn regenjas aantrek en mijn tas pak, gereed om af te dalen in de mijn.

'Ga je naar school?' vraagt hij dan een beetje droevig. Want zijn vader is leraar, dus iemand die moet gaan werken begeeft zich naar school.

'Nou ja, zoiets,' zeg ik – men spreekt toch van de school des levens nietwaar – en ik verlaat node het huis. Want vóór mijn vertrek is er al veel vrolijks gebeurd.

Als ik nog in bed zit en mijn vrouw het ontbijt maakt, houdt hij er nauwlettend toezicht op, dat ze alle handelingen in de juiste volgorde verricht. Maar plotseling rent hij op harde blote voetjes door de gang naar de slaapkamer en roept stralend: 'Opa, het is héél leuk in de keuken.'

En dan verdwijnt hij weer in hetzelfde tempo om even later terug te keren, met de ook weer zo geestdriftig uitgesproken mededeling: 'Ik heb een blauw eierdopje en oma heeft een oranje eierdopje en – ik zal effe kijken wat jij voor 'n eierdopje hebt.'

Hij rent weer weg. Ik heb eens gelezen dat een kinderarts één dag lang alles wat een jongetje van vier verrichtte ná deed. Hij heeft er een week van op bed gelegen.

'Jij krijgt een groen eierdopje,' komt hij nu melden. 'Leuk he?' En op het bed klimmend: 'Je moet goed eten, hoor opa. Als je niet goed eet ga je dood. En dat is niet leuk. Dan wor je helemaal leeg. Maar als je goed eet ga je niet dood. Dan wor je miljoen.'

'Da's veel,' zeg ik.

Hij kijkt me ernstig aan en vloert me dan taalkundig met dit zinnetje: 'Ontélbaar is veel.'

Als u nou weet waar een jongetje van drie opeens zo'n zinnetje vandaan haalt moogt u het zeggen. Als het ontbijt op is, zijn we toe aan een vast ochtendpretje dat ik óók helemaal doorgronden kan. De eerste dag van zijn verblijf wees hij op de

Winkler Prins encyclopedie en zei dat hij in zo'n boek wilde kijken. Ik pakte, zo maar op de tast, deel zes en sloeg het open op een willekeurige plaats. Er stond een stuk over de Franse wijsgeer René Descartes met zijn beeltenis erbij. En daar moest hij onbedaarlijk om schateren.

'Wat 'n gek meneertje,' riep hij. 'Hij heeft lang haar. Hij lijkt wel een meisje.'

En dat, terwijl hij zelf net als vrijwel alle jongens en mannen in zijn naaste omgeving, lang haar heeft. Maar Descartes, die bovendien nog een snor en een sik droeg, blijft voor hem een bespottelijk heertje, waar hij zich elke ochtend weer krom om lacht. Nou ja, ik betwijfel of de man er zich op de Olympus aan ergert, want hij heeft gezegd: 'Ik denk, daarom ben ik.'

Als ik aan het eind van de middag na gedane arbeid weer in de kamer kom, is hij net bezig zijn lichte heimwee naar het ouderlijk huis zelf op te lossen door, wijzend naar de linnenkast te zeggen: 'Dit was ons huis. Ik ging er naar toe. Ik haalde de sleutel bij de buurvrouw, want mamma was naar de groenteman. Maar ze kwam gauw terug en pappa ook.'

Om hem af te leiden zeg ik: 'Straks begint de Fabeltjeskrant.'

En in het programmablad kijkend voeg ik er aan toe: 'En weet je wat er na de Fabeltjeskrant komt? Pipo. Mag je óók naar kijken.'

Deze mededeling ontvangt hij met gejubel. Even later hoor ik, typend in het nevenvertrek, dat meneer de Uil zijn lied aanheft. Haastig komt Sander bij me binnen en zegt: 'Opa, weet je wat ik tegen meneer de Uil heb gezegd? Ik heb gezegd: straks komt lekker Pipo.'

En hij ijlt weer weg. Tact heeft hij nog niet, gelukkig.

'Aan tafel,' roept mijn vrouw.

Sander komt tussen ons inzitten. Een voor een wijst hij de schalen aan en zegt: Dát is niet te eten. En dát is niet te eten. En dát is niet te eten...'

Terwijl mijn vrouw toch vrij behendig kookt. Met moeite kunnen we een stukje vlees en wat gebakken aardappeltjes aan hem kwijt. Maar de aardappeltjes moeten worden bedolven onder wat hij 'majjunijze' noemt. Zich rijkelijk van deze smurrie bedienend, zegt hij: 'Ik eet majjunijze op me aardappeltjes en me broertje David eet majjunijze op z'n aardappeltjes en me broertje IJsbrand eet majjunijze op z'n aardappeltjes. Maar m'n broertje Vincent niet. Die is nog te klein. Die eet uit mamma d'r borst en daar zit geen majjunijze in.'

O, onvolmaakte natuur.

In het Overijsselse plaatsje waar ik zó maar eens uit de bus was gestapt, viel bitter weinig te beleven. Toen het ook nog begon te regenen ging ik om elf uur 's ochtends een café binnen. In de vale onderneming, die nog stonk naar het borreluur van gisteren, hield zich alleen een vrouw van middelbare leeftijd op, die aan de telefoon stond en op zeurderige toon zei: 'Goed dokter. Dan zal ik wel dóórgaan met die zalf. Al helpt het me niks. Dag dokter.'

Ze hing op, zuchtte diep en slofte naar een deur, waarop iemand lang geleden 'Privé' geschilderd had. Een vet, vormeloos, smoezelig wijf, dat in haar jeugd ongeschminkt had óp gekund als de heks in 'Macbeth'. Ze opende de deur en riep: 'André, een klant.'

Daarop verdween ze in een donkere gang. Nu verscheen er een grote, breed geschouderde man, die een tamelijk wit barkeepersjasje droeg. De ogen waarmee hij me aankeek waren troebel en er kwam een flets lachje op zijn gezwollen gezicht toen hij tegen me zei: 'Een cognacje zeker.'

'Nee – koffie,' antwoordde ik.

'Geen cognac?' vroeg hij. 'U wist er die avond bij mij thuis toch aardig raad mee.'

Hij sprak een beetje geaffecteerd, zoals voormalige corpsstudenten doen.

'U kent me natuurlijk niet meer,' vervolgde hij. ''t Is ook zó lang geleden, die avond. Ik was nog een jonge vent van amper dertig. En nou heb ik mijn vijfenveertigste verjaardag er al op zitten. Ik zal maar niet zeggen dat de tijd vliegt. Dat ziet u zelf wel, bij het scheren. U is er ook niet priller op geworden sinds u die lezing hield voor de personeelsvereniging van de fabriek waar ik directiesecretaris was. Ik heb u nog ingeleid, met een speechje. Geestig op mijn manier – al was ik natuurlijk geen vakman zoals u. En na afloop is u met mijn vrouw en mij mee naar onze stulp gegaan voor een slaapmutsje. En 't is niet bij één mutsje gebleven. Tot vier uur hebben we aan de Franse cognac gezeten. Nou ja, wij saampies. Mijn vrouw hield niet van drinken. Ze was erg verfijnd. Literatuur, muziek...'

'Ach ja,' riep ik. 'Nou weet ik 't weer. Ze heeft die avond bij u thuis nog een lied gezongen aan de vleugel.'

'Schubert,' zei hij. 'Ongetwijfeld "Ich liebe dich". Dat zong ze vaak. "Ich liebe dich". Ik zal uw koffie even inschenken.'

Hij ging achter het buffet.

'U zult wel denken: waarom staat hij nou hier met dat witte hemmetje aan,' vervolgde hij. 'Maar dat komt zó. Ik heb in vroeger jaren wat te onbeheerst gestoeid met de kleine kelk. Het liep uit de hand. Eerst het baantje. En daarna vertrok het vrouwtje met "Ich liebe dich" en al. Ik moest zo'n kuurtje doen. En toen dat voorbij was zei de dokter: "Ik geef je één raad. Begin een nieuw leven in een heel andere omgeving." En dat heb ik gedaan. Ik ben hier beland. Ik zit nu al verscheidene jaren in dit bedrijfje. Ach 't is natuurlijk kleinscheeps werk. Maar 't boeit me wel. 't Is een contactfunctie. Je verkeert met allerlei mensen. En...'

'André,' riep de stem van de vrouw.

'Ogenblikje,' zei hij, op geïrriteerde toon. Hij verdween in de donkere gang en keerde even later terug. Terwijl ik de koffie dronk, zei hij: 'Ach, ach. Het was een dolle nacht. Vond u niet'?

'Ja,' antwoordde ik. Eigenlijk herinnerde ik mij voornamelijk het riante huis en die vrouw aan de vleugel. Ze was mooier dan ze zong.

'Hoeveel krijgt u?' vroeg ik.

'Nee – dit was on the house,' riep hij zwierig.

Buiten zag ik de bus net voor mijn neus wegrijden. Omdat het nog steeds regende liep ik binnen bij de kapper aan de overkant. Een grijsaard was onder het mes en een boerse jongen zat bij het venster op zijn beurt te wachten. Na een poosje zei hij spottend: 'Meneer André.'

Hij passeerde aan de overkant, met een tas in de hand.

'Hij doet d'r boodschappies,' zei de jongen. 'Wat 'n leven, he. Overdag moet-ie in d'r café staan en 's nachts moet-ie in d'r bed liggen. Ik pikte nog liever 't varken.'

'Ach,' zei de kapper. 'Ze geeft hem er elke dag voor te drinken. Net zoveel als-ie maar wil. En da's veel.'

Journaal

Voor Ben Waterman

I

In de Albert Cuypstraat, waar de markt wemelde van geluiden en kleuren, ontmoette ik in een café mijn vriend Ben.

Hij zei: 'Heb jij Joop Groenteman nog gekend?'

'Die met fruit stond, bedoel je?' vroeg ik.

'Ja. Je weet dat-ie dood is.'

Ik knikte.

Een viskoopman had 't me verteld.

'Jammer,' zei Ben. 'Een verlies voor de markt. Hij had een mooie stal met opgepoetst fruit. Een daar stond-ie achter met 'n soort humor, die aan het verdwijnen is in Amsterdam. Grote mensen begroette hij met "hallo" en kleine met "hallo'tje". Als iemand twee appelen wilde kopen, vroeg-ie of er een feestje was. Niemand mocht het fruit zelf uitzoeken. Hij bediende van achter zijn stal. Iemand vroeg hem eens: 'Hebt u een plastic zak?' en hij gaf ten antwoord: "Ik heb al een kunstgebit. Is dat niet erg genoeg?" Die gijn heeft hem nooit verlaten – ook in het ziekenhuis niet.'

'Heb je 'm daar opgezocht?' vroeg ik.

'Ja, verscheidene keren,' zei Ben. 'Eén keer was zijn bed leeg. Op het kussen lag een briefje: "Ben over twee uur terug. Leg het meegebrachte maar op het bed." Omdat-ie te zwaar was moest hij op dieet. Hij werd elke dag gewogen. Op een morgen hing hij een draagbare radio met een touw om zijn middel, deed daaroverheen zijn kamerjas en ging op de schaal staan. Hij was ineens weer zes pond zwaarder, tot verbijstering van de zuster. Zo amuseerde hij zich in het ziekenhuis.

Toen ik hem, aan het eind van zo'n bezoekuur vroeg: "En, wanneer kom je er uit?" zei hij: "Er uit kom ik, als het niet aan de voorkant is, dan wel aan de achterkant."'

Ben glimlachte een beetje weemoedig.

'Hij stierf vrij plotseling,' zei hij. 'Op zijn begrafenis was de belangstelling enorm. Ik vond het aandoenlijk om te zien hoe al z'n collega's uit de Albert Cuyp, met bedekte hoofden, rond het graf stonden en drie scheppen aarde op zijn kist gooiden. Nou ja, hij had zijn levensideaal tenminste bereikt.'

'Wat was zijn ideaal dan?' vroeg ik.

'Het ideaal van elke marktkoopman,' zei Ben. 'Een hoek-plaats. Als je 'n hoekplaats hebt, verkoop je meer. Maar 't is erg moeilijk te bereiken.'

'En bereikte hij 't wel?' vroeg ik.

'Ja – maar niet in de Albert.Cuyp,' zei Ben. 'Voor Joop werd die hoekplaats een soort obsessie. Hij wist dat zijn kans vrijwel nihil was. En toen dacht-ie: "Als ik de hoekplaats niet krijg tijdens mijn leven, dan wil ik 'm na mijn dood." Telkens als de bode van de begrafenisvereniging de contributie kwam halen zei hij: "Denk er om, ik wil liggen op een hoekplaats." Maar toen hij dood ging was er geen een vrij. Nu stond er ergens op een hoek een steen, ter nagedachtenis van iemand die was omgekomen in een kamp en daar verbrand. Daar lag dus niks onder. Toen gaf de begrafenisvereniging toestemming die steen te verplaatsen en Joop dáár te begraven. Eindelijk had hij het bereikt. Een hoekplaats.

II

Als mijn schoondochter met haar vier zonen – één in de kinder-wagen en drie er naast – door de stad loopt baart ze, bij alles wat ze al gebaard heeft, nogal opzien.

Want uiterlijk is zij geen kennelijke moeder van een kroost-rijk gezin, maar nog steeds een – hip gekleed – meisje.

In openhartig Amsterdam leidt dit tot commentaren.

Het aardigste commentaar kwam uit een kuil, waarin ge-meentewerklieden bezig waren, interne organen van de stad te herstellen.

Toen ze er met haar aanhang passeerde, riep een van hen: 'Nou zeg, jij bent er ook vroeg bij geweest. Heb je eigenlijk wel verkering?'

III

In de broodjeswinkel, waar ik de lunch tot mij nam, werd het voedsel verstrekt door een goed gelukte jonge vrouw, die de Engelsen 'een oog vol' zouden noemen.

Terwijl ik kauwde las ik in het ochtendblad, dat het volgens de Pravda aan een Bulgaarse geleerde eindelijk is gelukt de lettertekens der Etrusken te ontcijferen. Zo'n mededeling maakt me doodmoe want ik denk dan aan de enorme berg vertaalwerk, die moet worden verzet, eer we in het Nederlands zullen kunnen vernemen, wat de Etrusken ons, na zo'n slordige 2700 jaar koppig zwijgen, te zeggen hebben. Een dorre voorraadstaat van een boerderij? Of een liefdesepos?

De deur ging open en er trad een lange, magere man van 'n jaar of dertig binnen, die het volmaakte zomerpak droeg. Ik koop in klerenwinkels zelden wat ik eigenlijk hebben wil, maar capituleer meestal voor het jasje, dat er het dichtst bij in de buurt komt. Wat ik echt had gewenst, zie ik mensen op straat of in de tram dragen, maar je kunt moeilijk vragen: 'Kan ik dat pak van u overnemen?'

De man ging op de kruk zitten en zei: 'Dag juffrouw.'

'Dag meneer,' antwoordde ze, op haar hoede.

Hij keek haar geruime tijd aandachtig aan met een geamuseerde blik die haar inventariseerde. Hij leek een beetje op James Stewart in zijn jonge jaren. Hij had diezelfde bedremmelde, ontwapenende charme. Met een wat trage stem zei hij: 'Ik heb eergisternacht nog van u gedroomd.'

'O,' zei ze.

Dat was niet veel.

De jongeman keek weer geruime tijd naar haar.

Ze werd onrustig en ging maar eens een kopje omwassen.

'Geef me maar een broodje ham,' zei hij.

'Goed,' antwoordde ze, duidelijk opgelucht omdat hij nu eindelijk eens een mededeling deed die in een broodjeswinkel thuishoort.

Rap voerde ze zijn bestelling uit.

Hij nam een hap, kauwde daar lang op en vroeg: 'Iets van gemerkt?'

'Waarvan?'

Het klonk een beetje vinnig.

'Dat ik van u droomde, eergisternacht,' zei hij.

'Hoe kan dat nou,' riep ze. 'Ik sliep.'

'Ik ook,' zei hij.

Hij nam weer een hap en keek met welgevallen naar haar. Het kopje gleed uit haar hand, maar brak niet.

''t Was leuk,' zei hij. 'U was erg lief voor me.'

'O,' zei ze weer.

De man had zijn broodje op en legde het geld naast zijn bordje. Er passeerde een bloemenkar. Hij liep even naar buiten en kwam terug met twee rozen. Die legde hij voor haar neer.

'Om iets terug te doen,' zei hij.

Ze keek naar de rozen op een manier die het midden hield tussen verwarring en vertedering. Hij liep naar de deur en zei, met een lachje: 'Dag. En nog wel bedankt. 't Was een erg mooie nacht.'

IV

De bus baande zich 's ochtends moeizaam een weg door Amsterdam. Op de bank voor me zat een jonge vrouw, met een dochtertje van zowat drie. Het kind ging op haar knietjes liggen en begon mij met ernstige, bruine ogen te inventariseren.

Dat is altijd link.

Kleine meisjes hebben nog geen manieren. Ze leren later pas dat je gevoelens verbergen moet en verzwijgen. De kans dat ze, na mij aandachtig te hebben bekeken, bij wijze van conclusie in schreien zou uitbarsten was dus ruimschoots aanwezig en dat is altijd een vervelende ervaring om de dag mee te beginnen.

Om haar te beïnvloeden grijnsde ik.

Ze keurde de grijns, weer zo ernstig, en gaf er, tot mijn grote opluchting, een vriendelijk lachje voor terug. Toen pakte ze de tas van haar moeder, die vol liefde op haar neerkeek, begon er in te rommelen en haalde een flesje te voorschijn. Het was parfum. Ze schroefde de dop er af, greep mijn rechterhand en stortte er een aanzienlijke plas van de vloeistof in.

'Niet zo véél, schat,' zei de moeder.

Het parfum was getrokken uit het sperma van een oude muskusrat, die zich de laatste tijd niet zo wel voelde.

Het verspreidde een zoete, paarse aanslag op de tong veroorzakende stank met een enorme actieradius en was zo kleverig als appelstroop. Toen de bus stopte bij het station ging ik er uit, want ik moest naar de televisie in Bussum.

Amsterdam heeft een zeer penetrante lijflucht, maar daar kwam ik nu makkelijk boven uit – dat merkte ik aan de voorbijgangers die mij geschokt of bevreemd nakeken.

In het station begaf ik mij naar het toilet en waste lange tijd mijn hand.

Maar dat hielp niet. De lucht kon er tegen.

Ik zou er waarschijnlijk nog jaren mee behept blijven. 't Moest wegslijten, op de lange duur. Ik liep naar de trein en ging, in een lege coupé, eenzaam zitten stinken. Als mijn vrouw deze vuiligheid gebruikte zou ik ons huwelijk alleen met behulp van rubberen neusdopjes kunnen rekken. De deur van de coupé ging open en er trad een heer binnen die een boek vol tabellen met cijfers uit zijn tas haalde en er gretig in begon te lezen, of het fruitige pornografie was.

Na een poosje hoorde ik hem een snuffend geluid maken.

Hij róók me, wierp me een wrevelige blik vol verachting toe en verliet de coupé, die daarna, even voor vertrek vol liep, omdat een echtpaar met zoon en dochter ook de kant van Bussum op moest. De bengel riep spontaan: 'Verdomme, wat stinkt het hier.'

Ik keek uit het raam.

Het viel me, toen we reden, op dat de koeien in de wei terugdeinsden. Maar misschien deden ze dat anders ook, als een trein voorbij ging.

Toen ik tegen zessen thuis kwam was de lucht nog ongebroken.

'Waar ben jij geweest?' vroeg mijn vrouw.

'Bij de televisie,' antwoordde ik.

En ik vertelde haar, naar waarheid, hoe ik aan de stank kwam.

Ze geloofde het, geloof ik.

V

De school ging uit voor het speelkwartier en een lawine van kinderen stortte naar buiten, elkaar duwend en stompend. De onderwijzers en de onderwijzeressen, waren gelukkig allemaal jong. Dat moet je voor dit vak wel zijn, tegenwoordig, anders kun je de enorm vitale vrijgevochtenheid van die kinderen en de hoeveelheid decibellen geluid die ze produceren, onmogelijk aan.

Ik ging op een paaltje zitten om te kijken. Het tafereel deed me denken aan de regels die Tucholsky dichtte voor de jeugd: 'Euch haben sie nicht in die Jacken gezwungen! (...) Ihr sollt frei sein! Zeigt es ihnen!'

Mooie regels.

Maar de jongens, die hij ze toevoegde, zouden later gaan strijden voor Hitler – 'in die Jacken gezwungen'.

'Kunst is nutteloos,' zei Oscar Wilde dan ook.

Gevochten werd er voor die school óók. Maar de jongens deden het anders, dan wij vroeger. Je kon er de judo-lessen aan zien. Ze wisten te incasseren, te vallen, of rotsvast overeind te blijven. We deden het klunziger. Gewoon maar peuten uitdelen en ontvangen. Rechts van me stond een groep van 'n stuk of tien jongens. Gemiddelde leeftijd – elf jaar. Ze stonden zéér militant te zwijgen, geschaard rond een knaap met rood haar – kennelijk de leider van de clan. Hij had koele ogen. Je zag aan hem dat zijn woord wet was. Maar hij zei op het moment niks.

Een eind verder waren meisjes bezig met meisjesdingetjes. Hun spelen was motorisch geheel anders, dan dat van de jongens. Elegant. En zonder krachtsvertoon. Een der meisjes, dat veel te dik was, maar dit vrolijk droeg, maakte zich uit de groep los, liep op een drafje naar de jongens en riep: 'Anja wil zoentjes van jou hebben.'

Na het plaatsen van deze mededeling, liep ze weer in hetzelfde hoge tempo terug. Een ranke, blonde jongen, die in een kinderoperette zeer goed de rol van een page zou kunnen vervullen, maakte zich uit zijn zwijgende groep los en stak over naar de meisjes, op zo'n manier van: 'Goed, dat zal ik dan even regelen.'

Ik zag hem in het andere kamp arriveren, waar hij het woord richtte tot een donkere fee die, naar mijn indruk, de spiegel vaak met voldoening raadpleegde. Zij was ongetwijfeld Anja.

Na kort beraad keerde de blonde jongen weer bij de clan terug. Hij keek wat zwaarmoedig nu en zei tegen de leider: 'Ze bedoelt jóú.'

Het gezicht van de rode jongen veranderde niet. Hij bleef koel. Langzaam sprak hij: 'Die griet kan barsten.'

Daarop draaide hij zich om en zei: 'Kóm.'

De groep volgde hem gedwee.

Anja keek hem na.

Die jongen gaat een kleurrijke toekomst tegemoet.

Wijn

Om negen uur des avonds werd er gebeld. Toen ik open deed stond Kees voor me, met een grote, in fleurig bloemetjespapier verpakte doos. Ik riep: 'Hallo! Heb je een vrije avond?' Hij knikte, met die wat droeve glimlach, waarom ik hem al twintig jaar bemin. Kees schrijft over televisie voor een combinatie van provinciale dagbladen. Daarom zit hij elke avond aan dat toestel gebakken. Maar eens in de twee weken, neemt iemand het voor hem waar. Dan is-ie vrij. Kees houdt niet van zijn werk, maar hij vindt zijn werk toch niet érg, want het stelt hem in staat te leven, zoals hij leven wil. Hij is een vrijgezel van vijftig. Een páár vrouwen heeft hij geprobeerd, maar dat liep telkens weer mis, omdat ze hem veranderen wilden. En dat kón niet bij Kees. Hij is nu eenmaal een drinker. Toen ik hem, twintig jaar geleden, in de kroeg leerde kennen, behoorde hij, net als ik, tot – zoals de vakterm luidt – 'de jongens die er hárd tegenaan gaan liggen'. Zulke jongens hebben twee toekomst-mogelijkheden: naar de verdommenis gaan of een modus vivendi met de alcohol vinden. Dit laatste is ons tien jaar geleden gelukt.

In Kees' zéér chaotische vrijgezellenkamer, staan twee tv.-toestellen, want hij moet soms 'dubbel zien'. Tien jaar geleden stond er maar één. Toch zag hij wel eens dubbel. Want als je met een buik vol cognac zit te kijken, zie je iets gans anders, dan wordt uitgezonden. Aan zijn stukjes die hij, met de ijzeren plichtsbetrachting, welke een bepaald type alcoholisten op de been houdt, aan het eind van de avond schreef en doorbelde, werd de cognac merkbaar, want hij prees wat gelaakt moest worden en omgekeerd. Toen is hij, op mijn bewogen aandringen, overgestapt op rode wijn, net als ik. Want rode wijn is, volgens de dokters, gezond, smaakt lekker, maakt je niet dronken, doch ontspannen en doet je slapen als een roos.

'Hang je jas op,' zei ik. En ik riep met stemverheffing tegen mijn vrouw in de huiskamer: 'Doe de tv. uit, want hier is Kees.' Ze deed het onmiddellijk. Want je vraagt een witter, die op zijn vrije dag bij je op bezoek komt, toch óók niet of hij even het plafond wil witten? Kees hing zijn jas op en ging de kamer binnen, met die doos.

'Tja,' zei hij. 'Ik zit met een probleempje. Het betreft de drank.'

'Je bent toch niet teruggevallen op de cognac?' vroeg ik ontsteld.

'Nee, dát niet,' antwoordde hij. 'Voor mij is het rode wijn en niks anders. Nu leef ik volgens een uitspraak van Jan Brusse. Die heeft eens in een stuk over de provincie, waar ze beaujolais verbouwen, geschreven: "Wie in deze streek minder dan een liter wijn per dag drinkt is ziek." Dus...'

'Je drinkt een liter,' begreep ik.

'Nee,' zei hij en zijn glimlach werd vermoeid. 'Er stond óók nog in, dat het drinken van één fles per maaltijd, daar normaal is. Dus... Ontbijt schakel ik uit. Maar wel lunch, diner en souper. Drie flessen.'

Hij keek me aan.

'Een kloeke slok,' zei ik. 'Maar als je er bij werken kunt, wat is dan 't probleem?'

'Acht maanden geleden ben ik een ander soort rode wijn gaan drinken,' antwoordde hij. 'Veel lekkerder. En één gulden goedkoper. Nu geeft die firma, om die wijn erin te brengen, bij elke twee flessen een fraai glas, met een gouden randje, cadeau. Nou, reken maar uit. Zeven maal drie is een en twintig. Dat zijn tien glazen per week. Terwijl ik er maar één nodig heb. En ik had er al een. Maar de glazen blijven komen. Mijn kast is alllang vol. Er staan er een heleboel op de grond en in de gang en in het douchehok. Zorgelijk, hoor. Ik kan er niet toe komen ze te vernietigen. Maar ik barst van de glazen. Ik geef ze weg, met de gulle hand. Maar iedereen die ik ken hééft er al zes of – als ik geluk had – twaalf aangenomen. Als ik iemand uit mijn vriendenkring opbel, roept hij: "Als je maar géén glazen wilt komen brengen." Maar jullie heb ik nog niet gehad...'

Hij zette de doos op tafel.

'Wil je een wijntje?' vroeg ik. Ik pakte de fles en schonk hem in. Het glas had een gouden randje. Hij kreunde.

'O, jullie drinken die wijn óók,' zei hij. Ik opende de kast. Glazen, glazen, glazen.

'Dan begrijp ik dat ik de doos weer méé moet nemen,' zei hij. 'Het leven is moeilijk. Eén troost heb ik. Ze zeggen dat de reclame-actie maar tijdelijk is.'

'Kop op, kerel,' riep ik. 'Wij worstelen met hetzelfde probleem. Alle kennissen en vrienden zijn voorzien. Maar weet je wat je moet doen? De doos gewoon op straat een voorbijganger in de handen stoppen en dan hard wegrennen.'

''t Is een idee,' zei hij, een slok nemend. 'Heel lekkere wijn. Alleen jammer, van die glazen.'

De telefoon ging en de vermoeide, door tabak en alcohol wat beslagen bas van Fred vroeg: 'Kom je vrijdag op onze party?'
'Nou...' begon ik.
'Tóe nou,' riep hij, 'je weet wat 'n vreselijke mensen mijn vrouw altijd uitnodigt. Ik loop zo'n avond rond als een bij vergissing geïnviteerde baviaan. Jij bent óók een baviaan. Kóm – dan kunnen we tenminste samen wat in de bomen hangen.'
'Goed,' zei ik.
Ik ging er de volgende dag heen met grote tegenzin. Fred is een aardige, melancholieke scepticus, met veel te veel geld en een wat lek, maar nog nèt drijvend huwelijk. Ze houden domicilie in een enorm huis in Amstelveen, dat onlangs door een jonge binnenhuisarchitect opnieuw up to date is ingericht. Erg apart, voor 'n ander echtpaar. 't Is net of ze wonen in een dubbelnummer van 'Avenue'. Freds vrouw is wel lief, maar dáás. Ze wil een dame zijn met een salon, zoals vroeger Franse markiezinnen hielden, en waar genieën aforismen persklaar van de lippen lieten vallen. Daarom truffelt zij het dure volk dat haar parties bezoekt met kunstenaars die in zijn en sierlijk beroemd staan te wezen en een paar revolutionairen, die haar drank verzwelgen met bittere mond.
'Welkom in het oerwoud, baviaan,' zei Fred, toen hij me in de hal tegemoet trad. 'De incrowd heeft de tuin bezet, dus we hebben althans frisse lucht. Er is van alles. Mao-ers, Cubanen en een mens dat twee weken in Albanië heeft doorgebracht en daar het grote licht zag gloren, rond de slapen van de nieuwe mens. Ze vertelt dat het analfabetisme van zeventig procent in drie jaar geheel is uitgeroeid. Ieder leest dat het een lieve lust is, ja er heerst een ware leeshonger, weet je wel? Als je vraagt hoe ze aan die cijfers komt, toont ze je een in slecht Engels gesteld stenciltje, dat de staatsrondleider haar in de hand stopte. Ze draagt een paarse jurk. Mijd haar. Verder is er de gebruikelijke kluit vvd-'ers, die dat vanavond stilhouden. Je herkent ze gemakkelijk aan hun bolknakken en hun welwillend progressieve oogopslag. Ze zijn, als je echt áándringt, bereid de soft

drugs te legaliseren, maar van mij hoef je niet echt aan te dringen. Zwets maar een eind weg. We moeten er doorheen en op den duur gaan ze allemaal weer naar huis. Ik waarschuw je speciaal voor die lange jongen daar, gehuld in blauwe lompen. Hij heeft een fortuin geërfd, maar beweert dat hij het kwijt is door verkeerde belegging. Dat liegt hij, maar hij speelt arbeidertje. Als je hem aankijkt komt het woord "Marx" op zijn voorhoofd te staan in neonlicht. Maar ik mag hier op de plaats dood blijven als hij "Das Kapital" gelezen heeft. Nou, blijf ik soms dood? Ik heb, toen ik nog geen cactus was, maar het viooltje dat wéten wilde, echt geprobeerd het boek te lezen en ben tot pagina 37 gekomen met de pick-up op burengerucht volume aan, om me wakker te houden. Nou, sterkte. Ga de mijn maar in. Glück auf.'

Ik drentelde de tuin in en nam een glas van een blad, dat een kelner, die sterk geleek op de student Raskolnikov, me met een blik vol haat voorhield. Naast me stonden twee corpulente vrouwen, waarschijnlijk uit de VVD-kluit. De een zei: 'Piet is de laatste tijd zo hosserig. Nou, ik zeg er maar niks van, anders gaat-ie nog met de muziek mee óók.' Ik stond nu tegenover een lange, in een lichtgroen gewaad gehulde steunpilaar der kosmetische industrie, die met iets, dat ze voor een glimlach hield om haar lichtpaarse lippen, aan me vroeg: 'En – wat doet u als u niet meer schrijven kunt?'

Ik antwoordde: 'Me ophangen, denk ik. Maar ik kan het u niet beloven. Toch hoop ik dat u, ook zónder die belofte, een prettig weekeind zult hebben.'

Ze maakte zich van me los. Ik wauwelde met een reeks personen van beiderlei kunne over motieven die me óf niet interesseerden, óf ver boven mijn bevattingsvermogen gingen. Daar Raskolnikov frequent passeerde, werd het allemaal wat wazig. Fred dook weer op en zei: 'Kan ik even bij jou uithuilen, baviaan? Ik heb net twintig minuten conversatie achter de rug met een wijf dat hier per Jaguar kwam en onder het nippen aan Drambuie in een jurk van 2000 piek naar de wereldrevolutie stond te hunkeren. Van zulke mensen krijg ik spontaan uitslag over het gehele lichaam. Als ze eens boodschappen ging doen voor slecht ter bene ouden van dagen?'

Er naderde een lange statige heer.

'Pas op,' riep Fred. 'Dat is een condomoloog.'

'Wat is dat?' vroeg ik. Hij antwoordde: 'Dat is een vent die urenlang kan lullen zonder tot een vruchtbaar gesprek te komen.'

Een vrolijk slot

Zondag werd mijn kleinzoon Vincent één, een mijlpaaltje, dat tegelijk met de zesde verjaardag van zijn broer David werd gevierd in een buitenhuisje, dat staat in een klein bos, waar stadskinderen eindelijk eens onbelemmerd kunnen spelen. En er waren er heel wat. Op de heenweg, in de auto van onze medegrootouders, pikten we in Amsterdam drie vriendjes van de oudste jubilaris op, en toen we aankwamen vonden we een gewemel van kinderen van allerlei leeftijden beneden de acht in de stralende zon.

Vincent zat in de zandbak en straalde ook. Niet omdat hij jarig was, hoor. Hij straalt altijd, dus ook nu. Er is één verjaardag in je leven die je niet bemerkt en dat is de éérste. Je ziet misschien wel dat er een hoop mensen om je heen zijn, die je onophoudelijk knuffelen en je kleine geschenkjes toestoppen, maar je hebt niet het flauwste idee waarom. Wij hadden de beer meegebracht.

Want het is traditie dat wij op de eerste verjaardg van een kleinkind, dit dier geven. 't Was onze zesde en het kostte moeite 'm te vinden.

'De bruine beren beginnen uit te sterven,' zei mijn vrouw, toen ze terugkwam van een middag boodschappen doen.

Ik vond het wel een mooie zin.

In het oerwoud zal het ook wel zo wezen, want daar zijn de mensen net zo bemoeiziek als in de speelgoedbranche, waar ze je, in naam van de vooruitgang, zo'n helgele beer willen verkopen, die niet lijkt op zichzelf en malicieus grijnst. Maar we wilden een orthodoxe, bruine. Na lang zoeken, vonden we er een. Hij was twintig gulden duurder dan de eerste beer van de zes. Als de inflatie in dit tempo voorschrijdt, zal de beer die mijn zoon voor zijn eerste kleinkind van één gaat kopen, waarschijnlijk een ton kosten. Maar dat zijn zorgen voor de tijd.

Toen wij Vincent de beer overhandigden, voelde ik me enigszins beducht.

't Was wel een geschikte beer, doch hij keek of hij slopende moeilijkheden had met de bovenburen.

Maar Vincent voelde daar geen hinder van.

Nog altijd stralend ontving hij de beer, die in zijn armen, meteen een beetje aan hem opknapte.

Hij keek al minder zorgelijk, dat zag je duidelijk.

En de zon blééf maar schijnen en op de terrastafel werden de taarten neergezet – een met zes kaarsjes en een met één.

Eerst zongen we 'Lang zullen ze leven', wat gelukkig goed afliep. Je weet dat nooit zeker.

Toen mijn kleindochter één werd deed ons vocaal geweld haar in snikken uitbarsten, omdat ze er van schrok.

Maar dit incident bleef uit. David blies eerst z'n zes kaarsjes uit.

Daarna werd Vincent, door zijn moeder, even boven zijn taart gehangen, maar ofschoon hij welwillend bleef lachen kwam het niet tot een blaas, zodat zijn broer het maar voor hem deed.

Een blijde dag.

Toen we terugreden naar Amsterdam, waren de drie jongetjes zeer vuil geworden.

'Jij gaat zeker thuis gauw onder de douche?' vroeg mijn vrouw aan één van hen.

'Nee hoor,' antwoordde hij. 'Ik ben eergisteren al onder de douche geweest.' Hij wou het kennelijk niet te dol maken.

Het jongetje dat ik op schoot had, was zó moe, dat hij in mijn armen in slaap viel, een touchant bewijs van vertrouwen. En ik dacht aan de regels van Nijhoff, over zijn moeder: 'Moegespeeld en moegesprongen, zat ik op je schoot en dacht, in mijn nachtgoed, kleine jongen, aan 't geheim der nacht.' Een vers met een taalfout, want nacht is mannelijk. Maar wel een erg mooi vers. Het jongetje sliep maar door in mijn armen, terwijl we voortkropen in de zondagse waanzinfile. Ik hoop dat, als Vincent de beer gaat kopen voor zijn éénjarige kleinzoon, de auto's eindelijk zullen zijn afgeschaft.

Salamanders